DIE WELT DER LUFTFAHRT

Andreas Fecker

Der Airbus A380 wie ihn der Grafiker sieht. Anfang 2005 wird dieser neue Superjumbo seinen Erstflug absolvieren. Das Flugzeug ist so groß, dass noch nicht viele Airports dieser Welt auf seinen baldigen „Besuch" eingestellt sind. Dennoch lagen Airbus Ende August 2004 139 feste Bestellungen vor. Damit beginnt eine neue Runde im Wettstreit der Luftfahrtrivalen Airbus und Boeing.

Andreas Fecker

DIE WELT DER LUFTFAHRT
Superlative, Rekorde und Kuriositäten

Invent the future.

Das ist die beste Methode, sie voherzusagen.

Alan Kay

Ein kostenloses Gesamtverzeichnis
erhalten Sie beim
GeraMond Verlag · D-81664 München
www.geramond.de

Lektorat: Lothar Reiserer
Layout: imprint, Zusmarshausen
Repro: Scanner Service
Umschlaggestaltung: Agentur Lehmacher, Friedberg
unter Verwendung von Fotos folgender Quellen/Autoren –
EADS-Archiv (großes Bild, Umschlagvorderseite), Sammlung
Fecker, Luftfahrtarchiv Lang, Holger Lorenz (kleine Bilder,
Umschlagvorderseite) und NASA (Umschlagrückseite)
Herstellung: Gabriele Kutscha

Alle Angaben dieses Werkes wurden vom Autor sorgfältig
recherchiert und auf den aktuellen Stand gebracht sowie vom
Verlag geprüft. Für die Richtigkeit der Angaben kann jedoch keine
Haftung übernommen werden. Für Hinweise und Anregungen sind
wir jederzeit dankbar. Bitte richten Sie
diese an:
GeraMond Verlag · Lektorat
Innsbrucker Ring 15 · D-81673 München
e-mail: lektorat@geranova.de

Die Deutsche Bibliothek – CIP Einheitsaufnahme
Ein Titeldatensatz für diese Publikation ist bei der Deutschen
Bibliothek erhältlich.

© 2005 by GeraMond Verlag
Ein Unternehmen der GeraNova Zeitschriftenverlag GmbH München

Alle Rechte vorbehalten
Printed in Italy bei Printer Trento
ISBN 3-7654-7221-2

INHALT

Visionäre und Pioniere – Der mühsame Beginn 8

Die Jagd nach Rekorden – Schneller – höher – weiter 18
- 20 Geschwindigkeit
- 26 Höhe
- 30 Strecke
- 34 Dauer
- 35 Auch Frauen gehen auf Rekordjagd
- 35 Erdumrundungen

**Vom Gleiter bis zum Hyperschall –
Die abenteuerliche Entwicklung der Flugzeuge** 42
- 44 Tops ...
- 46 ... und Flops
- 55 Experimentalflugzeuge
- 78 Ultralights
- 80 Ecranoplane
- 82 Beeindruckend ...

Die Jumbos der Lüfte 84
- 86 Die historischen Riesenflugzeuge
- 89 Transporter für gigantische Frachten
- 94 Wasserbomber
- 96 Vom Jumbo zum Superjumbo

Flughäfen – Groß, größer, am größten! 98
- 100 Der Höchstgelegene
- 100 Der Tiefstgelegene
- 101 Der Längste
- 101 Der Größte
- 102 Desert Bone Yard

Oshkosh und andere Airshows 104

Ereignisse, die nicht vergessen werden sollten 110
- 112 Luftfahrtgroßtaten
- 113 Superlative der traurigen Art

Vorwort

Die wunderbare Welt der Luftfahrt umfasst den Traum des Menschen, sich von den Fesseln der erdgebundenen Schwerkraft zu befreien, sich vom Boden zu erheben, es den Vögeln gleich zu tun, und zu fliegen, sein angestammtes Habitat von oben zu betrachten, Entfernungen im Flug zu überwinden. Der Erfindergeist des Menschen hat dazu Geräte und Maschinen ersonnen, vom Ultralight bis zur Hyperschallmaschine, vom Zeppelin bis zum Jumbo, vom Ballon bis zum Hubschrauber.

Dieses Buch soll einen Einblick in die Welt der Luftfahrt gewähren. Es erhebt nicht den Anspruch, ein vollständiges Kompendium aller Flugzeugtypen zu sein. Es soll vielmehr die Luftfahrt in ihrer gesamten Bandbreite vorstellen, von Träumern, Erfindern und kühnen Pionieren bis zu den nüchternen, abgebrühten Profis, die in eine Hyperschallmaschine steigen und diese mit Mach 4 und schneller durch die Stratosphäre jagen.

Es soll Flugzeuge vorstellen, wie man sie noch nie gesehen hat, nicht bis ins kleinste technische Detail, sondern in ihrer Schönheit, Eleganz und mit ihren wichtigsten Leistungsdaten.

Visionäre und Pioniere

Der mühsame Beginn

Das wahrscheinlich berühmteste Bild der Luftfahrtgeschichte: Orville Wright bei seinem ersten motorgetriebenen Flug am 17. Dezember 1903 um 10:35 Uhr in Kitty Hawk, North Carolina. Der Flug dauerte 12 Sekunden und ging etwas wellenförmig über eine Strecke von 36,5 m. Der Start erfolgte auf einer Holzschiene mit eigener Kraft. Der Motor wog 90 Kilo, die beiden Propeller wurden über jeweils eine Kette angetrieben. Die Spannweite der Flügel war 13,2 Meter. Flügelfläche des Doppeldeckers waren stolze 47 qm.
Foto: Lilienthalmuseum

VISIONÄRE UND PIONIERE

Nach vielen Fehlversuchen merkte der Mensch, dass ein Flug aus eigener Kraft nicht funktionieren konnte. Er versuchte es daher mit immer leistungsfähigeren Gleitern, mit denen sich die Konstrukteure fast todesmutig Abhänge und Klippen hinabstürzten.

Otto Lilienthal brachte es zwischen 1891 und 1896 auf 2.000 Flugversuche mit immer besseren Apparaten. Steuerbarkeit und Stabilität nahmen dabei immer weiter zu. Bis zu 500 Metern weit schaffte er es mit seinen Gleitern. Am 9. August 1896 schließlich stürzte er dabei tödlich ab. Aber Lilienthal war nicht das erste Opfer der Luftfahrt. Und er war auch nicht der erste, der ernsthafte Flugversuche machte.

Da gab es gut hundert Jahre vor ihm den französischen Physiker **Jean-François Pilâtre de Rozier** aus Calais. Mit 26 Jahren gelang ihm am 21.11.1783 die erste Ballonfahrt über Paris hinweg. Seine Ballonhülle wurde mit Wasserstoff und Heißluft betrieben. Zwei Jahre später kamen er und sein Partner **Pierre Romain** dabei ums Leben, als sein Wasserstoffballon über dem Ärmelkanal Feuer fing und wie eine Fackel aus 900 Metern Höhe abstürzte.

Im gleichen Jahr entwickelte der französische Naturwissenschaftler **Jacques Alexandre César Charles** den ersten reinen Wasserstoffballon. Mutig flog er nur eine Woche nach dem Absturz von Rozier und Romain auf 3.000 Meter Höhe.

Die Reihe der französischen Ballonfahrer setzt sich fort: **Jean-Pierre Blanchard** hatte sich das Fliegen in den Kopf gesetzt, seine mechanischen Flugapparate hoben aber nicht so recht vom Boden ab. Er beobachtete aufmerksam die Entwicklung der **Brüder Montgolfier** und sah dort seine Zukunft. 1784 überquerte er mit einem Wasserstoffballon die Seine bei Paris. Doch das Maß aller Dinge war damals einfach der Ärmelkanal. Am 7.1.1785 fuhr er zusammen mit einem befreundeten Arzt, **Dr. John Jeffries**, über den Ärmelkanal von Dover nach Calais. Fast wäre es schief gegangen. Die beiden Ballonfahrer konnten gar nicht so schnell Ballast abwerfen wie sie sanken. Zuletzt trennten sie sich sogar noch von der Gondel und kletterten in

Ein Lilienthal-Flugapparat, aufgenommen 1897 von Carl Kassner am Windmühlenberg Derwitz/Krilow bei Potsdam
Foto: Luftfahrtarchiv Gerhard Lang

die Halteseile, um trocken das Ufer zu erreichen. Blanchard unternahm danach zahlreiche Ballonfahrten in Deutschland. 1804 heiratete er Marie Madeleine Sophie Armant. Sophie erlernte das Ballonfahren und reiste mit ihrem Gatten durch die Lande. Nach einem Schlaganfall starb Jean-Pierre Blanchard während einer Ballonfahrt. Seine Frau setzte nicht nur die Reise fort, sondern machte bald auch als erste Ballonfahrerin von sich Reden.

1810 veröffentlichte im englischen Hull ein gewisser Thomas Walker eine Schrift mit dem Titel: „Die Kunst des Fliegens". Das Büchlein wurde x-fach reproduziert, zuletzt sogar von der Royal Aeronautical Society. Die vorgestellten Theorien sind phantastisch und die Modelle würden niemals den Boden verlassen. 21 Jahre lang hat sich Walker damit beschäftigt. Er näherte sich häufig dem Vorstadium einer wichtigen Entdeckung, aber der entscheidende Schritt gelang ihm nie. Weshalb er trotzdem als Visionär und Pionier gesehen wird, verdankt er seiner Beharrlichkeit und seiner Überzeugung, dass Fliegen möglich sein muss, und dass es mit mechanischen Mitteln zu erreichen ist. Er selbst schrieb in seinem Büchlein: „Es muss nur noch jemand das wahre Prinzip entdecken."

Ein bunter Vogel war Albrecht Berblinger, der „Schneider von Ulm". Vielleicht hing es mit der Erfindung der Nähmaschine zusammen, jedenfalls interessierte sich der junge Schneidermeister ungewöhnlich stark für Mechanik. Er wurde gehänselt und verspottet. Er überwarf sich sogar mit seiner Zunft, als er 1810 einen Flugapparat konstruierte. Doch gegen alle Widerstände baute er seinen Gleiter und wartete auf seine Chance: König Friedrich von Württemberg kam in die Stadt. Berblinger baute ein Gerüst auf der Adlerbastei, einem Gemäuer am Rande der Donau. Doch im letzten Moment verließ ihn der Mut. Unter dem Vorwand an seinem Apparat sei etwas kaputt, verschob er den Flug. Am nächsten Tag stand er wieder auf dem Gerüst und blickte auf die Menschenmenge herab. Der König war mittlerweile abgereist. Entweder er sprang, oder jemand gab ihm einen Tritt, jedenfalls stürzte er mitsamt seinem Flugapparat nach wenigen Metern ins Wasser. Der „Schneider von Ulm" ward daraufhin zum Gespött der Stadt, verarmte, starb und wurde schließlich in einem namenlosen Armengrab beigesetzt. 1986 erst wurden Versuche unternommen, diesen Flug zu wiederholen. An einer anderen Stelle wäre sein Flug vielleicht geglückt. Aber wegen der an dieser Stelle vorherrschenden Fallwinde war sein Flug physikalisch gar nicht möglich.

John Stringfellow wurde 1799 in Attercliffe bei Sheffield, England, geboren. Er war geradezu besessen vom Traum des Fliegens. In den ersten 15 Jahren seines Berufslebens konstruierte er Wagen und Maschinen, besonders Dampfmaschinen. Er entwickelte die Kunst, die Bauteile sehr leicht zu halten. 1842 lernte er William Henson kennen, der soeben ein Patent für seine Luftdampfkarosse *Ariel* angemeldet hatte und auf der Suche nach einem Partner war. Zusammen mit zwei weiteren Partnern begann Henson den Ariel zu bauen. Zwei Jahre später war der Ariel fertig, aber er flog nicht. Drei weitere Jahre lang schraubten sie an dem Gerät herum, aber der *Ariel* flog noch immer nicht. Henson gab auf und wanderte nach Amerika aus. Doch Stringfellow steckte nicht auf. 1848 testet er eine Maschine mit zwei gegenläufig drehenden Propellern, die von einer leichten Dampfmaschinen angetrieben wurden. Das Modell mit einer Spannweite von drei Metern flog über 10 Meter hinweg. John Stringfellow und sein Sohn Frederick führten die Versuchsreihen bis 1868 fort. An ihrem Ende stand ein elegantes Flugzeug, das sich kaum von einem späteren Dreidecker unterschied.

Ein Flugapparat, auf dem der Franzose Félix Du Temple de la Croix das Patentrecht hatte, bestand aus zwei Flügeln aus Seide, die über gewölbte Holz- oder Metallsparren gespannt waren. Die Flügel waren fest mit einem Wagen verschraubt, der den Motor trug. Davor sollte sich eine Luftschraube drehen, die die Konstruktion vorwärts ziehen sollte. Ein horizontales Ruder am Heck sollte den Flugwinkel regulieren, ein vertikales Ruder würde die Steuerung nach rechts oder links besorgen. Wir schreiben das Jahr 1857 wohlgemerkt! *„Der Wagen sollte wie ein Boot aussehen, mit hölzernen oder stählernen Rippen, mit Segeltuch bespannt. Darunter sollten Füße im Winkel von 20 Grad angebracht werden, damit sie bei der Vorwärtsbewegung der Schraube am Boden entlang glitten. Bei etwa 30 km/h sollte sich der Apparat vom Boden erheben, wonach er über das Heckruder gesteuert werden kann. Der Motor kann eine Dampfmaschine sein, ein Elektromotor oder irgend-*

Otto Lilienthal

(*23.05.1848 in Anklam, † 10.08.1896 in Berlin bei einem Absturz)

Er ging in die Geschichte der Fliegerei ein als Luftfahrtpionier, der sachlich und systematisch forschte. Er brachte die Fliegerei auf den Punkt: „Alles Fliegen ist Erzeugung von Luftwiderstand, alle Flugarbeit ist Überwinden von Luftwiderstand."

Lilienthal war davon überzeugt, dass man erst einmal mit Gleitern fliegen lernen müsse, um ein Gefühl für das Fliegen zu bekommen und die Aerodynamik optimieren zu können. Erst danach sei es sinnvoll einen Motor in den Apparat einzubauen.

Lilienthal hat in seinem Leben 24 Patente eingereicht. Davon bezogen sich nur vier auf das Fliegen. Sein erstes war eine Schrämmaschine zur Kohleförderung für den Bergbau, mit deren Hilfe bis heute Steinblöcke aus der Wand geschnitten werden.

Er erfand auch Ankerbausteine, mit deren Hilfe auch heute noch aufgeschüttetes Erdreich stabilisiert wird.

Foto: PD

VISIONÄRE UND PIONIERE

etwas anderes, das etwa 6 PS erzeugt, was für einen Apparat genug sein müsste, der eine Tonne wiegt." Während er sich mit diesen Berechnungen natürlich auf dem Holzweg befand, waren seine Vorstellungen über die Aerodynamik weitgehend korrekt. Mit Hilfe seines Bruders konstruierte er bis 1876 mehrere größere Modelle und erkannte bald, dass kein Motor stark genug war, die schwere Konstruktion zu bewegen.

1867 beantragt ein pensionierter russischer Artillerieoffizier namens **Nikolaj Teleshov** ein Patent für ein „verbessertes Leichter-als-Luft-System". Heute würde man das als einen Deltaflügler mit Jetantrieb bezeichnen. Das Gerät hatte einen soliden 45 Grad nach hinten gepfeilten Flügel und eine gerade Hinterkante. Der Rumpf war zylindrisch mit einer konischen Nase und einem Jet-Triebwerk. Da Teleshov seiner Zeit etwa hundert Jahre voraus war, erteilte man ihm das Patent in Russland nicht. Er musste vielmehr dafür nach Frankreich gehen. Bedauerlicherweise baute er das Flugzeug nie. Es existierte nur auf dem Papier.

Frank Wenham war Mitglied der Aeronautical Society of Great Britain. Er war der erste Mensch, der die Notwendigkeit eines Windtunnels verstand und ihn 1871 auch durchsetzte. Natürlich hatte dieser nicht die Ausmaße heutiger Gebäude, er war nur vier Meter lang und hatte einen halben Meter im Durchmesser. Ein Propeller, der von einer Dampfmaschine angetrieben wurde, sorgte für den Luftstrom. Nun begann Wenham zu experimentieren. Er maß den Auftrieb verschiedener Formen, Winkel und Oberflächen im Luftstrom. Die

Flugversuch der Gebrüder Voisin bei Paris 1908 mit einem Gleiter
Foto: SV-Bilderdienst

DER MÜHSAME BEGINN

Der von Clément Aders 1895 gebaute Avion III mit zusammengefalteten Flügeln. Der Apparat hat eine Spannweite von 15 Metern und Ader behauptete, dass die Maschine 300 Meter weit geflogen sei. Er benannte auch zwei Zeugen dafür.
Foto: SV-Bilderdienst

erstaunlichste Erkenntnis war, dass flache Anstellwinkel zwischen fünf und 15 Grad einen höheren Auftrieb erzeugten als hohe. Er stellte auch fest, dass lange schmale Flächen wie bei modernen Segelflugzeugen einen besseren Auftrieb erzeugten als kurze Stummelflügel von gleich großer Oberfläche. Erst dank dieses Windtunnels begann man, die aerodynamischen Regeln zu erkennen und zu verstehen.

Der Franzose Victor Tatin baute 1879 ein Modellflugzeug mit einem Rumpf, der als Behälter für komprimierte Luft diente. Öffnete man einen Hahn, trieb die ausströmende Luft zwei Zugpropeller an. Das Modell hatte eine Spannweite von 190 cm, war an einem Pflock befestigt und flog im Kreis.

Albert und Gaston Tissandier legten 1883 eine „nicht unerhebliche Distanz" mit einem propellergetriebenen Ballon zurück. Werner von Siemens orakelte damals: „Flugmaschinen werden erst möglich sein, wenn das Gewicht der leichtesten Motoren von heute (1883) auf ein Fünftel reduziert werden kann. Bis dann ist der Aufwand, Flugmaschinen mit Motoren auszurüsten eine Verschwendung von Zeit und Arbeit."

Der eingangs erwähnte Otto Lilienthal rückte schließlich der Fliegerei wissenschaftlich zu Leibe. 1889 veröffentlichte er in einem Grundlagenwerk „Der Vogelflug als Grundlage der Fliegekunst" seine Beobachtungen beim Flug der Störche und versuchte, das Problem des „Menschenflugs" zu lösen. Von seinen zahlreichen Experimenten ging schließlich einer der Flügelschlagapparate in Serie. Mit Lilienthals tödlichem Absturz wurden diese jedoch wieder schlagartig unpopulär. Bestimmte physikalische Erkenntnisse über den Auftrieb gekrümmter Flächen wurden unter anderem auch von den Gebrüdern Wright übernommen.

Der 1841 im französischen Muret geborene Clément Ader war ein Flugenthusiast. Er konstruierte Ballons auf eigene Kosten und gab 1876 seinen Beruf als Beamter auf, um mehr Geld verdienen zu können, denn sein Hobby war nicht billig. Er begann fortan einen Flugapparat zu entwickeln, der schwerer als Luft war. Die erste Maschine hatte die Form einer Fledermaus und war dampfgetrieben. 1890 wurde sie fertig. Er nannte sie *Eole*. Zwar machte sie einige Hopser, aber der Antrieb war ungeeignet. Doch hatte er hinreichend bewiesen,

Clément Ader

Clément Ader (1841–1926) gilt als einer der wichtigen Flugpioniere Frankreichs.

Foto: SV-Bilderdienst

VISIONÄRE UND PIONIERE

*Orville Wright 1909 bei einer Vorführung auf dem Flugfeld Tempelhof.
Die Gebrüder Wright haben alles richtig gemacht: leichte, aber stabile
Bauweise ihrer Flugapparate, geringer Luftwiderstand, genügend
Fläche, guter Motor. Vor allem aber haben sie rechtzeitig das Patent
beantragt und ihre Flugversuche dokumentiert.
Darum gelten sie heute als die Erfinder des Motorfluges.*
Foto: SV-Bilderdienst

DER MÜHSAME BEGINN

dass der motorgetriebene Menschenflug theoretisch möglich war. Von 1894 bis 1897 bastelte er an einem noch größeren Nachfolgemodell mit Benzinmotor und mit zwei Luftschrauben, das er *Avion* nannte. Die Fledermausform behielt er bei.

Am 12. Oktober 1897 schließlich testete er die Maschine. Aber außer einigen Hopsern passierte wieder nichts. Doch Ader war begeistert und setzte für den übernächsten Tag einen zweiten Probeflug an. Er lud auch mehrere Zeugen dazu ein. Der Start verlief nach seiner eigenen Erzählung zuerst holprig, schließlich waren seine Räder in der Luft. Aber der Wind trieb ihn von der geplanten Strecke ab auf eine Kaserne zu. Nach seinen Angaben habe er über das Tor hinweg gezogen, sei aber danach sehr hart gelandet. Die Maschine ging jedenfalls zu Bruch.

Die Zeugen, die hinterher gelaufen kamen, sagten später aus, Ader habe sich nicht vom Boden entfernt. Außer ein paar Hopsern sei dies kein Flug gewesen. Das Kriegsministerium verweigerte ihm anschließend die Forschungsgelder, womit auch das Projekt *Avion* begraben war.

Ein Engländer namens **Horatio Phillips** demonstrierte 1884 die Auftriebstheorie. Er ließ sich acht flügelähnliche Muster von unterschiedlichen Breiten und Wölbungen patentieren. Er benutzte einen Windkanal, um zu bestimmen, wie schnell der auftreffende Luftstrom sein müsste, um bei welcher Oberfläche wie viel Auftrieb zu erzeugen. Er stellte damals schon fest, dass gewölbte Oberflächen einen größeren Auftrieb erzeugten als flache.

1893 baute er ein 158 Kilogramm schweres Modellflugzeug, das auf einem 180 Meter langen kreisrunden Kurs flog und über eine Leine an einem Pfosten in der Mitte befestigt war. Das Modell besaß einen kleinen Motor, der einen Propeller mit 400 UpM antrieb. Das Modell flog tatsächlich mit 64 km/h im Kreis, in etwa einem Meter Höhe. Als Flügel dienten 50 wie Jalousien übereinander angeordnete gekrümmte Profile, die jeweils nur fünf Zentimeter voneinander entfernt waren.

Am 12. November 1894 band der australische Erfinder **Lawrence Hargrave** vier Schachteldrachen zusammen, baute einen einfachen Sitz hinein und flog damit fünf Meter weit. Der Hargrave-Drachen war das Ausgangsmodell für die erste Generation der europäischen

„Wer war der Erste?"

Die Flugpioniere von einst, deren Pioniergeist und Forscherdrang mehr oder weniger uneigennützig war, werden heute mehr und mehr von Interessengemeinschaften vereinnahmt, seien es Museen, Städte oder Staaten. Doch wen interessiert das wirklich, wenn er heute in Frankfurt ein Flugzeug besteigt, das er 11 Stunden später in einem anderen Kontinent wieder verlässt? Wen interessiert, ob der erste Flieger Jatho oder Wright, Ader oder Weißkopf hieß, geschweige denn in welchem Land er geboren wurde? Viel größer ist doch die Leistung der einzelnen Pioniere zu bewerten, die unter Einsatz eigener Mittel und oft genug ihres eigenen Lebens Meilensteine in der gemeinsamen Anstrengung gesetzt haben, die Schwerkraft zu überwinden.

Flugzeuge. Hargrave selbst widmete den größten Teil seines Lebens der Konstruktion einer Maschine, die fliegen würde. Statt eifersüchtig Patente auf seine Entdeckungen und Erfindungen zu beantragen, teilte er sie in wissenschaftlichen Magazinen mit, damit andere darauf aufbauen konnten. Die Wright Brothers hatten Zugang zu Hargraves Entdeckungen durch die Luftfahrt-Jahrbücher von James Means und durch Octave Chanutes Buch „Progress in Flying Machines". Chanute korrespondierte regelmäßig mit den Wrights. Er hatte auch Hargraves Experimenten ein eigenes Kapitel gewidmet.

1889 baute Hargrave einen rotierenden Motor, der später in Frankreich als der Gnome Motor produziert wurde. Obwohl der friedliebende Erfinder gegen jegliche Nutzung seiner Technologie für militärische Zwecke war, so wurde dieser Motor später jedoch vor allem in militärischen Flugzeugen benutzt. Lange suchte er auch nach einem sicheren Platz für all seine funktionierenden Flugmodelle. Der einzige Ort, der seinen strengen Maßstäben genügte, war das Deutsche Museum in München. Ironischerweise fielen die meisten seiner 176 Modelle alliiertem Bombardement im Zweiten Weltkrieg zum Opfer. Die 25 Modelle, die noch gerettet werden konnten, wurden 1960 in Sydney restauriert. Hargrave hatte jedoch nie eines seiner Motormodelle zum Fliegen gebracht, weil er das Kraft-Gewicht-Verhältnis nicht lösen konnte. 1992 bauten Studenten seinen Entwurf originalgetreu nach Hargraves Angaben nach und ersetzten den Motor mit einem modernen: Es flog.

In vielen Luftfahrtmuseen der Welt sind Nachbauten des berühmten Wright-Flyers zu sehen.
Foto: Luftfahrtarchiv Gerhard Lang

Viel Aufregung anlässlich der weltweiten Feierlichkeiten zum 100. Jahrestag des Wright'schen Motor-Erstflugs gab es 2004 im bayerischen Leutershausen, wo der deutsch-amerikanische Flugpionier **Gustav Albin Weißkopf** geboren wurde. Er war 1895 in die USA ausgewandert und beschäftigte sich fortan mit der Entwicklung von Flugzeugen, unter anderem auch mit Motorflugapparaten. Bereits 1899 wird von einem Versuch mit einer Dampfmaschine als Motor berichtet, der allerdings jäh an einer Hauswand endete. Er nummerierte seine verschiedenen höchst abenteuerlichen Konstruktionen durch. Die Nr. 21 bestand aus Bambus und Seide und ähnelte einer Kreuzung aus Vogel und Fledermaus mit einer Badewanne als Kommandostand. Ein 20-PS-Motor trieb zwei Propeller an. Sogar das Fahrwerk erhielt einen eigenen Motor, um die Startgeschwindigkeit zu erhöhen.

Der Bridgeport Herald berichtete in seiner Ausgabe vom 18. August 1901 über einen erfolgreichen Motorflug, den Weißkopf (Whitehead) am 14. August 1901 über eine Strecke von einer halben Meile unternommen haben will. Als Augenzeugen wurden der Herausgeber der Zeitung, Richard Howell, genannt sowie die beiden Assistenten Weißkopfs. Allerdings gibt es kein Foto des Flugs, eine nach dem Ereignis entstandene Zeichnung hat geringe Beweiskraft. Zudem hatten die Gebrüder Wright ihr Fluggerät damals dem Smithsonian Institute unter der Auflage gestiftet, dass das Institut kein früheres Flugzeug anerkenne.

Trotzdem hat man versucht, die Plausibilität der unbewiesenen Weißkopfflüge zu prüfen, und hat im Jahr 1985 Nr. 21 nachgebaut. Das Ding flog. Mit einem weiteren Nachbau in Deutschland legte man sogar 500 Meter zurück. Allerdings war der Motor kein originaler Nachbau und damit wahrscheinlich leichter und stärker.

Percy Pilcher experimentierte 1895 wie Lilienthal mit Gleitern. In Cardross, in der Nähe von Glasgow, hatte er seinen Flughügel. Er empfand seine Gleitermodelle den verschiedenen Lebewesen nach, die er im Flug beobachtet hatte. Einer sah aus wie die Flügel einer Fledermaus, ein anderer wie ein Käfer, ein dritter wie eine Möwe. Als er sich an den Falken heranmachte, beschloss er, ihm später einmal einen Motor zu geben. Bei einer öffentlichen Vorführung seiner Flugkünste riss eine Schnur am Schweif des Gleiters, die Fläche kollabierte und Pilcher stürzte vor den Augen der Zuschauer ab. Zwei Tage später starb er an seinen Verletzungen.

Auf der Pariser Weltausstellung 1889 stellte Commandant Charles Renard von der französischen Luftfahrtbehörde neben einem lenkbaren Ballon einen Flugapparat aus, den er bereits 1873 entwickelt hatte. So hatte er sich damals die Fliegerei der Zukunft vorgestellt, mit einem steuerbaren Gleitschirm. Dieser bestand aus einem ovalen Hohlkörper auf Kufen, der mit einem Gestell von 10 Flügeln verbunden war. An der Hinterseite befand sich ein Ruder.

Renard war überzeugt, dass man diesen Gleiter sowohl vom Ballon aus starten könnte, als auch mit einem Motor vom Boden aus. Obwohl er natürlich beobachtet hatte, dass Vögel gewölbte Flügel hatten, baute er seinen Apparat mit flachen Flügeln. Als Beweis führte er den Schmetterling an, Insekten im Allgemeinen oder aber den Papierdrachen.

Am 24. März 1903 meldeten die Gebrüder Wilbur und Orville Wright in den USA das Patent für ein Flugzeug an, das auf ihrem Gleitermodell Nummer III basierte.

Am 18. August 1903 machte Carl Jatho in Deutschland seinen ersten Hüpfer über 18 Meter mit seinem von einem 9-PS-Motor getriebenen Flugapparat.

Am 14. Dezember 1903 versuchte Wilbur Wright (vergeblich) einen ersten Flug mit dem *Flyer*. Das Flugzeug wurde dabei beschädigt. Doch dann kam der Durchbruch: Am 17. Dezember 1903 flog Orville Wright in Kitty Hawk, North Carolina, den *Wright-Flyer* auf dem ersten offiziellen Flug über 36 Meter. Der Flug dauerte 12 Sekunden. Da dieser Versuch angemeldet war und vor Zeugen stattfand, gilt er als erster bemannter, dauerhafter und kontrollierter Flug mit einem Gerät, das schwerer ist als Luft. Es folgten noch drei weitere Flüge, deren längster fast eine Minute dauerte.

Im Verlauf des folgenden Jahres wurde die Technik verfeinert. Die Gebrüder Wright führten hunderte von Flügen durch. Im September 1904 gelang Wilbur erstmals eine Schleife mit einem Flugzeug. Einen Monat später flog Wilbur Wright bei einer Airshow in Dayton, Ohio, eine Entfernung von 4,43 Kilometer. Dies war der erste bekannte Flug über fünf Minuten Dauer. Im folgenden Jahr begann die Vermarktung des Patents. Kein geringerer als die US-Regierung war der erste Kunde.

In Frankreich ließ sich derweil Gabriel Voisin mit seinem selbst entworfenen Segelflugzeug von einem Motorboot auf der Seine anschleppen und schwang sich damit in die Luft. In den USA flogen die Wrights erstmals den *Wright Flyer No. III*, ein voll kontrollierbares Flugzeug.

Am 14. Oktober wurde in Frankreich die Fédération Aéronautique Internationale (FAI) als erster Luftsportverband der Welt gegründet. Und in den USA beendeten die Gebrüder Wright ihre Testflugserie. Der motorgetrieben Flug war nun definitiv auf den Weg gebracht.

Am 4. Juli 1908 erschien im *Scientific American* ein Artikel unter der Überschrift: Der *Junikäfer* Aeroplan *(June Bug)* – Ein Anwärter auf die Amerikanische Wissenschaftstrophäe. Dort wurde sehr detailliert beschrieben, wie die Entwicklung eines jungen Glenn Curtiss, der sich mit einem gewissen Alexander Graham Bell, dem späteren Erfinder des Telefons, zusammentat und Aeroplane entwickelte, die den Wright-Maschinen überlegen sein sollten. Aus den Curtiss-Werken wurde später der erste Großserienhersteller von Flugzeugen.

Der amerikanische Flugpionier Glenn H. Curtiss sitzt in einem seiner selbst konstruierten Flugzeuge.
Foto: SV-Bilderdienst

Die Jagd nach Rekorden

Schneller – höher – weiter ...

Die Flugzeuge des Franzosen Louis Blériot flogen in den frühen Jahren des 20. Jahrhunderts Rekorde in Strecke, Höhe und Zuverlässigkeit ein.
Foto: Courtesy of Special Collections & Archives, Wright State University Library

DIE JAGD NACH REKORDEN

Geschwindigkeit

2. November 1806: Im französischen Bagatelle stellt der Brasilianer **Alberto Santos-Dumont** in einer Eigenkonstruktion den ersten Geschwindigkeitsweltrekord mit sagenhaften 41 Stundenkilometern auf – wahrlich keine Bagatelle. Dieser Rekord stand fast ein ganzes Jahr, bis der Brite **Henry Farman** im französischen Issy-les-Moulineaux sich anschickte, den Rekord zu brechen. Es gelang ihm auch in einer *Voisin-Farman I*, die er auf 52 km/h prügelte. Frankreich schien überhaupt das Land zu sein, in dem Rekorde aufgestellt und gebrochen wurden, denn 18 Monate später wurde die Schallgrenze durch **Paul Tissandier** um weitere zwei Stundenkilometer heraufgesetzt. Nun galt es 54 km/h zu schlagen. Der Amerikaner *Glenn H. Curtiss* brachte dazu seinen *Curtiss Golden Flyer* eigens nach Frankreich, um den Rekord zu brechen. Mit 69 km/h düpierte er die französische Konkurrenz. Glaubte er. Denn schon tags darauf versetzte **Louis Blériot** die Welt in Staunen, als er mit seiner *Type XII* nochmal 10 km/h draufsetzte.

Von nun an gaben die Franzosen das Heft nicht mehr so schnell aus der Hand. Bis zum 18. Oktober 1922 machten sie die Geschwindigkeitsweltrekorde unter sich aus. Zuletzt stand der Rekord von **Sadi-Joseph Lecointe** bei 339 km/h. Doch die Amerikaner strotzten mittlerweile vor Selbstbewusstsein und sahen auch keine Notwendigkeit mehr, nach Frankreich zu reisen, um dort neue Rekorde aufzustellen. Das ging genauso gut zu Hause. **William G. Mitchell** schob die Messlatte im heimischen Detroit mit 357 km/h weiter. In den folgenden Jahren lieferten sich die USA mit Frankreich ein Fernduell, in das 1927 unvermutet die Italiener einbrachen. **Mario de Bernardi** flog sensationelle 476 km/h

Geheimer Geschwindigkeits-Weltrekord: Eine Messerschmitt Me 163 flog am 2. Oktober 1941 in 3.600 m Höhe 1.003 km/h.
Foto: Luftfahrtarchiv Gerhard Lang

GESCHWINDIGKEIT

1909 Louis Blériot posiert stolz im Führerstand seiner Blériot IX.
Foto: SV-Bilderdienst

Datum	Ort	Pilot	Land	Flugzeug	Antrieb	km/h
2. November 1906	Bagatelle, Frankreich	Alberto Santos-Dumont	Brasilien	Santos-Dumont 14-bis	Kolbenmotor	41
26. Oktober 1907	Issy-les-Moulineaux, Frankreich	Henry Farman	Großbritannien	Voisin-Farman I	Kolbenmotor	52
20. Mai 1909	Pau, Frankreich	Paul Tissandier	Frankreich	Wright Model A	Kolbenmotor	54
23. August 1909	Reims, Frankreich	Glenn H. Curtiss	USA	Curtiss Golden Flyer	Kolbenmotor	69
24. August 1909	Reims, Frankreich	Louis Blériot	Frankreich	Blériot Type XII	Kolbenmotor	79
28. August 1909	Reims, Frankreich	Louis Blériot	Frankreich	Blériot Type XII	Kolbenmotor	80
24. April 1910	Nice, Frankreich	Hubert Latham	Frankreich	Antoinette VII	Kolbenmotor	87
100 – 200 km/h						
10. Juli 1910	Reims, Framce	Léon Morane	Frankreich	Blériot Type XI	Kolbenmotor	106
29. Oktober 1910	New York, USA	Alfred Leblanc	Frankreich	Blériot Type XI	Kolbenmotor	109
12. April 1911	Pau, Frankreich	Alfred Leblanc	Frankreich	Blériot Type XI	Kolbenmotor	111
11. Mai 1911	Châlons, Frankreich	Edouard de Nieuport	Frankreich	Nieuport Type IIN	Kolbenmotor	119
12. Juni 1911	Étampes, Frankreich	Alfred Leblanc	Frankreich	Blériot Type XI	Kolbenmotor	124
16. Juni 1911	Châlons, Frankreich	Edouard de Nieuport	Frankreich	Nieuport Type IIN	Kolbenmotor	129
21. Juni 1911	Châlons, Frankreich	Edouard de Nieuport	Frankreich	Nieuport Type IIN	Kolbenmotor	132
13. Januar 1912	Pau, Frankreich	Jules Védrines	Frankreich	Deperdussin Monocoque	Kolbenmotor	144
22. Februar 1912	Pau, Frankreich	Jules Védrines	Frankreich	Deperdussin Monocoque	Kolbenmotor	160
29. Februar 1912	Pau, Frankreich	Jules Védrines	Frankreich	Deperdussin Monocoque	Kolbenmotor	162
1. März 1912	Pau, Frankreich	Jules Védrines	Frankreich	Deperdussin Monocoque	Kolbenmotor	166
2. März 1912	Pau, Frankreich	Jules Védrines	Frankreich	Deperdussin Monocoque	Kolbenmotor	167
13. Juli 1912	Reims, Frankreich	Jules Védrines	Frankreich	Deperdussin Monocoque	Kolbenmotor	170
9. September 1912	Chicago, USA	Jules Védrines	Frankreich	Deperdussin Monocoque	Kolbenmotor	173
17. Juni 1913	Reims, Frankreich	Jules Védrines	Frankreich	Deperdussin Monocoque	Kolbenmotor	179
27. September 1913	Reims, Frankreich	Jules Védrines	Frankreich	Deperdussin Monocoque	Kolbenmotor	191

DIE JAGD NACH REKORDEN

Alberto Santos-Dumont

Alberto Santos-Dumont eröffnete den sportlichen Wettkampf um die Geschwindigkeitsweltrekorde, der 1906 mit 41 km/h begann und der mittlerweile auf 7.297 km/h für bemannte Luftfahrzeuge steht.

Die Welt umjubelte Louis Blériot als er erstmals den Ärmelkanal überflog.

Bilder: Courtesy of Special Collections & Archives, Wright Sate University Libraries

in einer *Macchi M52*. Und plötzlich hatte der Rest der Welt fast nichts mehr mitzureden, denn am 23. Oktober 1934 flog Francesco Agello im italienischen Desenzano in einer italienischen *Macchi MC72* der Welt davon. Eine sensationelle Leistung: 705 km/h. Erst am 26. April 1939 flog Fritz Wendel aus Augsburg mit 751 km/h noch schneller. Agellos Weltrekord hat allerdings bis heute Bestand, in der Kategorie Wasserflugzeuge mit Kolbenmotor. Fritz Wendels 751 km/h wurden offiziell bis heute nicht mehr von einem Kolbenmotor übertroffen. Ein von Heini Dittmar am 2. Oktober 1941 mit der *Me163A* geflogener Rekord von 1.004 km/h wird bis zum Ende des Krieges geheim gehalten und ist daher in den Rekordlisten der FAI nicht zu finden.

Aber mittlerweile war der Zweite Weltkrieg vorbei, Deutschland lag am Boden, erst recht die Luftfahrtindustrie. Im Flugzeugbau hatten die Deutschen vorerst nichts mehr mitzureden. Die USA wurden zur führenden Luftfahrtnation. Bald war die Schallmauer durchbrochen, und bereits 1958 erreichte der *Starfighter F-104* Mach 2. Am 28.7.1976 war der derzeit gültige absolute Geschwindigkeitsweltrekord für Serienflugzeuge durch Eldon W. Joersz und George T. Morgan Jr. im Cockpit einer *SR-71A Blackbird* markiert: 3.509 km/h.

Doch die Amerikaner arbeiteten intensiv an Experimentalflugzeugen, Maschinen, die zum Beispiel unter eine *B-29* oder später unter eine *B-52* gehängt wurden, um sie schon einmal auf Höhe zu bringen. Von dort wurden sie gestartet und hatten schon eine respektable Eigengeschwindigkeit, als sie ihre Raketen zündeten. Fast wöchentlich purzelten die Rekorde: Am 20. November 1953 erreichte Scott Crossfield in einer *Douglas D558-2 Skyrocket* 2.123 km/h, nachdem ihn eine Boeing *B29 Superfortress* auf 32.000 Fuß gebracht hatte. Charles Yeager flog kurz darauf eine luftgestartete *Bell X1A* mit Mach 2,44 oder 2.655 km/h in einer Höhe von 21.000 Metern. Robert White prügelte seine North American *X15A* 1961 auf 4.947 km/h. und drei Monate später auf 6.587 km/h. Es wird schon fast langweilig. Die *X15A* erreicht mittlerweile 6.693 km/h. Dort steht der derzeitige Weltrekord für raketengetriebene bemannte Flugzeuge.

Auf dem unbemannten Sektor ist noch lange nicht Ende der Fahnenstange: Im November 2004 erreichte eine *NASA X-43A Scramjet* sagenhafte 11.200 km/h. Das ist fast Mach 10.0. Scramjet steht für Supersonic Combustion Ramjets. Bei diesem Staustrahltriebwerk wird die über-schallschnell einströmende Luft weiter verdich-tet, mit Wasserstoff vermischt, und entzündet. Der explosionsartige Druck erzeugt die zusätzliche Beschleunigung. Während in einem herkömmlichen Triebwerk Die Luft durch rotierende Wellen und Schaufeln verdichtet wird, haben Scramjets keine beweglichen Teile.

Datum	Ort	Pilot	Land	Flugzeug	Antrieb	km/h
200 – 300 km/h						
29. September 1913	Reims, Frankreich	Jules Védrines	Frankreich	Deperdussin Monocoque	Kolbenmotor	203
7. Februar 1920	Villacoublay, Frankreich	Sadi-Joseph Lecointe	Frankreich	Nieuport 29V	Kolbenmotor	274
28. Februar 1920	Villacoublay, Frankreich	Jean H. Casale	Frankreich	Spad-Herbemont 20bis	Kolbenmotor	282
9. Oktober 1920	Buc, Frankreich	Comte Bernard de Romanet	Frankreich	Spad-Herbemont 20bis	Kolbenmotor	291
10. Oktober 1920	Villacoublay, Frankreich	Sadi-Joseph Lecointe	Frankreich	Nieuport 29V	Kolbenmotor	295
300 – 400 km/h						
20. Oktober 1920	Villacoublay, Frankreich	Sadi-Joseph Lecointe	Frankreich	Nieuport 29V	Kolbenmotor	301
4. November 1920	Buc, Frankreich	Comte Rernard de Romanet	Frankreich	Spad-Herbemont 20bis	Kolbenmotor	307
12. Dezember 1920	Villacoublay, Frankreich	Sadi-Joseph Lecointe	Frankreich	Nieuport 29V	Kolbenmotor	311
26. September 1921	Villesauvage, Frankreich	Sadi-Joseph Lecointe	Frankreich	Nieuport-Delage Sesquiplane	Kolbenmotor	328
21. September 1922	Villesauvage, Frankreich	Sadi-Joseph Lecointe	Frankreich	Nieuport-Delage Sesquiplane	Kolbenmotor	339
18. Oktober 1922	Detroit, USA	William G. Mitchell	USA	Curtiss R-6	Kolbenmotor	357
15. Februar 1923	Istres, Frankreich	Sadi-Joseph Lecointe	Frankreich	Nieuport-Delage Sesquiplane	Kolbenmotor	373
29. März 1923	Dayton, USA	Russell L. Maughan	USA	Curtiss R-6	Kolbenmotor	379

GESCHWINDIGKEIT

Bis heute nutzt die NASA eine achtstrahlige Boeing B-52, um bemannte oder ferngesteuerte Experimentalflugzeuge auf Höhe und Geschwindigkeit zu bringen. Hier hängt eine Pegasusrakete unter der Tragfläche, an deren Spitze die X-43A sitzt.
NASA Dryden Aircraft Photo Collection

Die unbemannte X-43A jagt zum Geschwindigkeitsweltrekord: 11.200 km/h
NASA Dryden Aircraft Photo Collection

DIE JAGD NACH REKORDEN

Datum	Ort	Pilot	Land	Flugzeug	Antrieb	km/h
400 – 500 km/h						
2. November 1923	Mineola, USA	Harold J. Brow	USA	Curtiss R2C-1	Kolbenmotor	415
4. November 1923	Mineola, USA	Alford J. Williams	USA	Curtiss R2C-1	Kolbenmotor	427
11. Dezember 1924	Istres, Frankreich	Florentin Bonnet	Frankreich	SIMB (Bernard-Hubert) V2	Kolbenmotor	446
4. November 1927	Venedig, Italien	Mario de Bernardi	Italien	Macchi M52	Kolbenmotor	476
500 – 600 km/h						
30. März 1928	Venedig, Italien	Mario de Bernardi	Italien	Macchi M52bis	Kolbenmotor	510
600 – 700 km/h						
29. September 1931	Lee-on-Solent, Großbritannien	George H. Stainforth	Großbritannien	Supermarine S6B	Kolbenmotor	652
10. April 1933	Desenzano, Italien	Francesco Agello	Italien	Macchi MC72	Kolbenmotor	678
700 – 800 km/h						
23. Oktober 1934	Desenzano, Italien	Francesco Agello	Italien	Macchi MC72	Kolbenmotor	705
Dieser Rekord steht noch immer als schnellstes Wasserflugzeug						
30. März 1939	Orianenburg, Deutschland	Hans Dieterle	Deutschland	Heinkel He100 V8	Kolbenmotor	742
26. April 1939	Augsburg, Deutschland	Fritz Wendel	Deutschland	Messerschmitt Me209 V1	Kolbenmotor	751
Letzter Rekord mit Kolbenmotor						
800 – 1000 km/h						
7. November 1945	Herne Bay, Großbritannien	H. J. Wilson	Großbritannien	Gloster Meteor F Mk4	Turbojet	970
7. September 1946	Littlehampton, Großbritannien	Edward M. Donaldson	Großbritannien	Gloster Meteor F Mk4	Turbojet	985
19. Juni 1947	Muroc, USA	Albert Boyd	USA	Lockheed XP-80R Shooting Star	Turbojet	998
1000 – 2000 km/h						
28. August 1947	Muroc, USA	Turner F. Caldwell	USA	Douglas D-558-1 Skystreak	Turbojet	1.025
25. August 1947	Muroc, USA	Marion E. Carl	USA	Douglas D-558-1 Skystreak	Turbojet	1.041
15. September 1948	Muroc, USA	Richard L. Johnson	USA	North American F-86A-1 Sabre	Turbojet	1.074
19. November 1952	Salton Sea, USA	J. Slade Nash	USA	North American F-86D Sabre	Turbojet	1.118
16. Juli 1953	Salton Sea, USA	William F. Barnes	USA	North American F-86D Sabre	Turbojet	1.145
7. September 1953	Littlehampton, Großbritannien	Neville Duke	Großbritannien	Hawker Hunter F Mk3	Turbojet	1.164
25. September 1953	Castel Idris, Libyen	Michael J. Lithgow	Großbritannien	Supermarine Swift F Mk4	Turbojet	1.177
3. Oktober 1953	Salton Sea, USA	James B. Verdin	USA	Douglas XF4D-1 Skyray	Turbojet	1.205
29. Oktober 1953	Salton Sea, USA	F. K. Everest	USA	North American YF-100A Super Sabre	Turbojet	1.208
Letzter Rekord im Tiefflug						
20. August 1955	Palmdale, USA	Horace A. Hanes	USA	North American F-100C Super Sabre	Turbojet	1.315
10. März 1956	Ford/Chichester, Großbritannien	Peter Twiss	Großbritannien	Fairey Delta Two	Turbojet	1.811
10. Dezember 1957	Edwards AFB, USA	Adrian E. Drew	USA	McDonnell F-101A Voodoo	Turbojet	1.932
2000 – 3000 km/h						
16. Mai 1958	Edwards AFB, USA	Walter W. Irwin	USA	Lockheed YF-104A Starfighter	Turbojet	2.246
31. Oktober 1959	Jukowski-Petrovskol, UdSSR	Georgii Mossolov	UdSSR	Mikoyan E-66	Turbojet	2.374
15. Dezember 1959	Edwards AFB, USA	Joseph W. Rogers	USA	Convair F-106A Delta Dart	Turbojet	2.442
22. November 1961	Edwards AFB, USA	Robert B. Robinson	USA	McDonnell F4H-1F Phantom II	Turbojet	2.570
7. Juli 1962	Podmoskownoe, UdSSR	Georgii Mossolov	UdSSR	Mikoyan E-166	Turbojet	2.665
über 3000 km/h						
1. Mai 1965	Edwards AFB, USA	Robert L. Stephens & Daniel Andre	USA	Lockheed YF-12A	Turbo-ramjet	3.312
28. Juli 1976	Edwards AFB, USA	Eldon W. Joersz & George T. Morgan Jr	USA	Lockheed SR-71A	Turbo-ramjet	3.509

GESCHWINDIGKEIT

Zehn Jahre lang testete man an der X-15 Flug- und Steuerverhalten im Hyperschallbereich und in großen Höhen, wie man sie in der Raumfahrt antreffen würde. Während für die Landung die Steuerflächen gebraucht wurden, steuerte man das Flugzeug in dünner Luft mit kurzen Stößen aus Wasserstoffperoxyd-Düsen in der Flugzeugnase und in den Flügeln.
NASA Dryden Aircraft Photo Collection

NASA Test Pilot Jack McKay musste diese X-15 nach einem Triebwerksausfall notlanden. Das Fahrwerk knickte ein, die Maschine überschlug sich. Der Testpilot überlebte leicht verletzt und saß bald wieder im Cockpit der X-15.
NASA Dryden Aircraft Photo Collection

Datum	Pilot	km/h	Mach
Forschungsflugzeug X-15A			
12.05.1960	J. A. Walker	3.397	3,19
04.08.1960	J. A. Walker	3.534	3,31
05.02.1961	R. M. White	3.661	3,5
07.03.1961	R. M. White	4.675	4,43
21.04.1961	R. M. White	4.947	4,62
25.05.1961	J. A. Walker	5.311	4,9
23.06.1961	R. M. White	5.798	5,27
12.09.1961	J. A. Walker	5.816	5,25
28.09.1961	F. S. Petersen	5.826	5,25
11.10.1961	R. M. White	5.869	5,21
17.10.1961	J. A. Walker	6.276	5,74
09.11.1961	R. M. White	6.587	6,04
27.06.1962	J. A. Walker	6.605	5,92
18.11.1966	W. J. Knight	6.840	6,33
03.10.1967	W. J. Knight	7.297	6,72

DIE JAGD NACH REKORDEN

Höhe

Höhenweltrekorde gibt es in verschiedenen Klassen. Natürlich führt die FAI einen Ballonrekord anders als einen Segelflieger, einen Jumbo, eine *U-2* oder eine *SR-71*. Schließlich ist es ein erheblicher Unterschied, ob ich einen leichtgewichtigen Segler aus Fiberglas per Thermik auf 10.000 Meter bringe, oder ob ich mir das Flugzeug aus Wellblech mit 16 Passagieren und einem Hund belade, und die ganze Last mit einem alten Klepper auf 2.000 Meter schleppe. In dieser Tabelle werden sie alle zusammen aufgeführt, denn es war dem Menschen grundsätzlich egal, womit er eine Höhe erreichte, Hauptsache er kam hoch hinaus und konnte die Welt von möglichst weit oben betrachten.

Das Rekordfieber begann am 10. Juli 1910, als **Walter Brookins** einen Rekord mit einer Höhe von 1.900 Metern in einer zweimotorigen Wright Maschine erflog. Und die Schweizer und Franzosen waren bemüht, über ihre natürlichen Alpenbarrieren hinwegzufliegen. Auch war der Mensch bemüht, sich während des Krieges der Reichweite feindlichen Gewehrfeuers zu entziehen, und aus sicherer Höhe seinerseits die Bomben über Feindesgebiet abladen zu können.

Diese Strategie änderte sich erst in der Neuzeit, als man mit radargesteuerten Jagdbombern im transsoni-

Die Boeing B-29 diente nach dem Krieg als Trägerflugzeug, um Forschungsflugzeuge in großen Höhen auszuklinken.
Foto: Luftfahrtarchiv Gerhard Lang

schen Bereich in Baumwipfelhöhe ein Ziel anflog und bekämpfte: Zu tief und zu schnell für jegliche Abwehr. Bis man die Jagdbomber erschrocken wahrgenommen, erkannt und den Schock aus den Gliedern geschüttelt hatte, waren sie schon längst vorbei.

Höhenrekorde waren eine Herausforderung an Mensch, Motor und Aerodynamik. Die Luft ist zu dünn um zu atmen. Der im menschlichen Blut enthaltene Sauerstoff möchte sich ausdehnen. Das führt zu körperlichen Schmerzen. Schließlich wird aber das Gehirn mit Sauerstoff unterversorgt, wenn man diesen nicht über ein Atemgerät hinzufügt. Für große Höhen entwickelte man schließlich die Druckkabine, auch für Ballons. Die wiederum hatten ihr Eigengewicht. 1934 überzog sich die Druckkabine des sowjetischen Stratosphärenballons *Osoaviakhim* während des Abstieges aus 22.000 Metern mit Eis. Sie wurde derart schwer, dass sich die Kabine losriss und abstürzte. Die Crew fand dabei den Tod.

Das wiederum animierte andere Ballonfahrer aus 13 Kilometern, ja sogar aus 19 Kilometern Höhe mit dem Fallschirm aus dem Ballon auszusteigen und im freien Fall zur Erde zurückzurasen.

Für sehr lange Zeit wurde der absolute Höhenweltrekord für Flugzeuge mit Kolbenmotoren vom italienischen Oberleutnant Mario Pezzi gehalten. 1938 stieg er auf 17.083 Meter. Das ist Flugfläche 560, eine Höhe, in der normalerweise kein Passagierflugzeug mehr unterwegs ist, es sei denn weiland die *Concorde*. Erst am 4. August 1995 wurde dieser Rekord durch den *Grob G820 Strato 1c* mit 18.545 Metern übertroffen.

Aufsehen erregte der *F-104 Starfighter* Höhenweltrekord mit 31.513 Metern, der 14 Jahre lang hielt und erst am 27. Juli 1973 von einer modifizierten *Mig25*, der *E-266*, übertroffen wurde. Alexander Fedotow flog die Maschine auf 36.230 Metern.

Natürlich gab es auch Flugzeuge, die in einer ganz anderen Liga spielten: Die Forschungs- und Raketenflugzeuge der NASA, die üblicherweise unter die Flügel einer *B-52* gehängt wurden, um sie auf Höhe und Geschwindigkeit zu bringen. Am 19. Juli 1963 flog Joe Walker der Erde davon. Die *North American X-15A* erklomm 106 Kilometer! Am 20. Juli 1969 setzte Neil Armstrong als erster Mensch seinen Fuß auf den Mond …

Die Piccards, drei Forschergenerationen

Großvater Auguste Piccard (*1884 in Basel, † 1962 in Lausanne), erkundete 1931 auf 16.000 m Höhe die Stratosphäre und war der erste Mensch, der mit einem Bathyskaphen in die tiefste Stelle des Ozeans tauchte.

Vater Jacques Piccard (*1922 in Brüssel) brach den Tiefseetauchweltrekord und tauchte 1960 im Marianengraben auf -10.916 m hinunter. Dieser Weltrekord wurde nie übertroffen. 1969 erforschte er den Golfstrom. Er setzt sich für das Leben im Meer ein.

Sohn Bertrand Piccard (*1958 in Lausanne) war Chefarzt an einer Uniklinik. Nebenher gilt seine Leidenschaft dem Fliegen in all seinen Formen: Distanz, Höhe, Akrobatik, Montgolfieren, Motorflug, Hängegleiter und Fallschirm. Piccard war Europameister im Kunstflug, Inhaber eines Höhenweltrekords und mehrerer „Weltpremieren". Er überquerte als erster die Alpen im Ultraleichtflugzeug in der Richtung Schweiz-Italien. Er gewann den transatlantischen Ballonwettbewerb von den USA nach Europa in 5 Tagen.

Zusammen mit Brian Jones gründete Bertrand Piccard die Stiftung „Winds of Hope" um gegen wenig bekannte Leiden zu kämpfen. „Winds of Hope" will die Medien über unakzeptable Situationen in der Welt informieren. Ziel ist, die Öffentlichkeit und Unternehmen aufzurütteln um humanitäre Aktionen zu unterstützen.

Datum	Ort	Pilot	Land	Flugzeug	Höhe in Metern
29. August 1909	Reims	H. Latham	F	Antoinette	155
18. Oktober 1909	Paris	Charles de Lambert	F	Wright	300
1. Dezember 1909	Châlons	H. Latham	F	Antoinette	453
7. Januar 1910		H. Latham	F	Antoinette	1.000
12. Januar 1910	Los Angeles	L Paulhan	F	Henry Farman	1.209
14. Juni 1910	Indianapolis	W. Brookins	USA	Wright	1.335
7. Juli 1910	Reims	H. Latham	F	Antoinette	1.384
10. Juli 1910	Indianapolis	W. Brookins	USA	2-Mot Wright	1.900
11. August 1910	Lanark	A. Drexel	Schottland	Blériot	2.012
3. September 1910	Deauville	Léon Morane	F	Blériot	2.582
8. September 1910	Issy-les-Moulineaux	G. Chavez	F	Blériot	2.587
1. Oktober 1910	Mourmelon	H. Wynmalen	F	Henry Farman	2.780

DIE JAGD NACH REKORDEN

Datum	Ort	Pilot	Land	Flugzeug	Höhe in Metern
10. Oktober 1910	Philadelphia	A. Drexel	USA	Blériot	2.880
31. Oktober 1910	Belmont Park	R. Johnston	USA	Wright	2.960
8. Dezember 1910	Pau	G. Legagneux	F	Blériot	3.100
8. Juli 1911	Châlons	M. Loridan	F	Henry Farman	3.177
8. August 1911	Etampes	Capetaine Félix	F	Blériot	3.190
4. September 1911	St.-Malo	Roland Garros	F	Blériot XI	3.910
6. September 1912	Houlgate	Roland Garros	F	Blériot XI	4.900
17. September 1912	Corbeaulieu	G. Legagneux	F	Morane-Saulnier	5.450
11. Dezember 1912	Tunis	Roland Garros	F	Morane-Saulnier	5.610
11. März 1913	Buc	M. Perreyon	F	Blériot XI	5.880
28. Dezember 1913	St.-Raphael	G. Legagneux	F	Nieuport	6.120
5. Juli 1914	Hannover	Heinrich Oelerich	D	DFW BI	8.150
27. Februar 1920	Dayton	R. W. Schroeder	USA	Lepre	10.093
18. September 1921	Dayton	J. A. MacReady	USA	Lepre	10.518
5. September 1923	Villacoublay	Sadi Lecointe	F	Nieuport	10.742
30. Oktober 1923	Issy-les-Moulineaux	Sadi Lecointe	F	Nieuport	11.145
25. Juli 1927	Washington	C. C. Champion	USA	Wright Apache	11.710
8. Mai 1929	Washington	Apollo Soucek	USA	Wright Apache	11.930
26. Mai 1929	Dessau	W. Neuenhofen	D	Junkers W 34	12.739
4. Juni 1930	Washington	Apollo Soucek	USA	Wright Apache	13.157
16. September 1932	Filton	C. F. Uwins	GB	Vickers Vespa	13.404
28. September 1933	Villacoublay	G. Lemoine	F	Potez 50	13.661
11. April 1934	Rom	Renato Donati	Italien	Caproni Ca 113	14.433
14. August 1936	Villacoublay	Georges Détré	F	Potez 50	14.843
8. Mai 1937	Montecelio	Mario Pezzi	Italien	Caproni 161	15.655
30. Juni 1937	Farnborough	M. J. Adam	GB	Bristol 138	16.440
22. Oktober 1938	Montecelio	Mario Pezzi	Italien	zweimotorige Caproni 161	17.083
23. März 1948	Hatfield	J. Cunningham	GB	de Havilland Vampire I	18.119
4. Mai 1953		W. F. Gibb	GB	English Electric Canberra	19.406
29. August 1955		W. F. Gibb	GB	English Electric Canberra	20.083
28. August 1957		M. Randrup	GB	English Electric Canberra	21.430
18. April 1958		G. C. Watkins	USA	Grumman F11F-1 Tiger	23.449
2. Mai 1958		R. Carpentier	F	SO 9050 Trident	24.217
7. Mai 1958		H. C. Johnson	USA	Lockheed F104-A	27.811
14. Juli 1959		V. Ilyushin	UdSSR	Sukhoi T431	27.811
6. Dezember 1959		L. Flint	USA	McDonnell F-4 Phantom II	30.040
14. Dezember 1959		J. B. Jordan	USA	Lockheed F104C	31.513
28. April 1961		G. Mosolov	UdSSR	Mikoyan Ye66A	34.714
25. Juli 1973		A. Fedotow	UdSSR	Mikoyan E-266	37.650
4. August 1995			Deutschland	Grob G820 Strato 1c	18.545

Höhenweltrekord für bemannte Flugzeuge mit Kolbenmotor

Datum	Ort	Pilot	Land	Flugzeug	Höhe in Metern
30. April 1962		Joe Walker	USA	North American X15A	75.000
19. Juli 1963		Joe Walker	USA	North American X15A	106.000

HÖHE

Die in Deutschland gebaute Grob Strato erflog 1995 den Höhenweltrekord für Kolbenmotoren.

Männlich oder weiblich?

Wann ist ein Flugzeug männlich, wann ist es weiblich? Es gibt hier offenbar keine eindeutige Festlegung. Man sagt „der Jumbo", aber „die 747". Es heißt „der Airbus" aber die „A320, A321". Man redet jedoch gerne von „dem A340" oder von „dem A380". Doch gibt es auch hier bereits wieder Aufweichungstendenzen.

Es ist „die Cessna" und „die Piper" Aber es kann nicht an der Größe liegen, denn „die Antonov 225" ist noch immer das größte Flugzeug der Welt. „Der Frachter" und „der Transporter", „der Aufklärer" und „der Bomber", sogar „der Starfighter" sind zwar allesamt männlich, aber kaum nennt man den Typ, wird es wieder weiblich: „die 747-200", „die Galaxy", „die Phantom" oder „die B-52" oder „die Hundertvier". Noch spricht man allerdings von „dem Eurofighter" Aber mit „dem Tornado" hat es auch mal so angefangen, bis man das Flugzeug im Griff hatte. Dann wurde liebevoll eine „Sie" daraus.

Vielleicht liegt hier des Rätsels Lösung?

DIE JAGD NACH REKORDEN

Drei Anläufe brauchte Hubert Latham für seine Kanalüberquerung. Zweimal endete sie im Wasser.
Courtesy of Special Collections & Archives, Wright State University Libraries

Strecke

Fliegen bedeutet neben dem erhebenden Gefühl, die Schwerkraft überwinden und sich in die Lüfte schwingen zu können, in erster Linie das zügige Überwinden von Entfernungen. Kein Wunder also, dass sich Piloten und Konstrukteure gleichermaßen Gedanken darüber machten, wie man die Reichweite eines Flugzeuges vergrößern und die Ausdauerleistung der Motoren verbessern konnte.

Von den ersten Ausdauerleistungen, bei denen ein Louis Breguet zehn waghalsige Passagiere an Bord seines Eigenbaus nimmt und fünf Kilometer weiter wieder absetzt, bis zum Mega-Trip mit Singapore Airlines, bei dem die Passagiere in New York an Bord des *Airbus A340-500* gehen und 18 Stunden später im 16.500 Kilometer entfernten Singapur steifbeinig wieder das Flugzeug verlassen dürfen, liegt eine Menge Ingenieursschweiß und Pilotenangst. Denn besonders beim Überqueren ausgedehnter Gewässer, wie zum Beispiel dem Atlantik war eine unfreiwillige Zwischenlandung meist mit nicht enden wollenden und teils tödlichen Schwierigkeiten verbunden.

Dazwischen liegen aber auch einhundert Jahre Luftfahrt, die den Erfindergeist des Menschen beflügelten. Leichtbauweisen, Solarzellenflügel, die einen Elektromotor speisen, Luftbetankung, Außen- und Innentanks erleichterten natürlich die Jagd nach dem Langstreckenrekord. Bemannte und unbemannte Flugzeuge machten sich auf Strecke, motorgetriebene Flugzeuge, Luftschiffe und Heißluftballons. So flog der *Voyager Composite Trimaran* in 9 Tagen um die Welt und legte 40.212 Kilometer zurück. Der Schweizer Bertrand Piccard schaffte es in seinem dritten Versuch zusammen mit dem Briten Brian Jones in ihrem Heißluftballon *Breitling Orbiter 3* die Erde nonstop zu umrunden und krönten die Rekorde mit dem Distanz-Weltrekord für jegliches Luftfahrtgerät: 46.000 Kilometer.

Datum	Start in	Pilot	Land	Flugzeug	Distanz in km
12. November 1906	Bagatelle (F)	Alberto Santos-Dumont	BRA	Santos-Dumont 14bis	0,22
26. Oktober 1907	Issy-les-Moulineaux (F)	Henry Farman	F	Voisin	0,881
13. Januar 1908	Issy-les-Moulineaux (F)	Henry Farman	F	Voisin	1
21. März 1908	Issy-les-Moulineaux (F)	Henry Farman	F	Voisin	2,004
11. April 1908	Issy-les-Moulineaux (F)	L. Delagrange	F	Voisin	3,925
30. Mai 1908	Centocelle	L. Delagrange	F	Voisin	12,75
17. September 1908	Issy-les-Moulineaux (F)	L. Delagrange	F	Voisin	24,125
21. September 1908	Auvours (F)	Wilbur Wright	USA	Wright	66,6
18. Dezember 1908	Auvours (F)	Wilbur Wright	USA	Wright	99,8
31. Dezember 1908	Auvours (F)	Wilbur Wright	USA	Wright	124,7
25. August 1909	Betheny	Louis Paulhan	F	Voisin	134
26. August 1909	Betheny	H. Latham	GB	Antoinette	154,62
27. August 1909	Betheny	H. Farman	F	Farman	180
4. November 1909	Mourmelon	H. Farman	F	Farman	234,21
20. Juli 1910	Mourmelon	Jan Olieslagers	BRA	Blériot	392,75
28. Oktober 1910	Etampes (F)	M. Tabuteau	F	Maurice Farman	465,72
11. Dezember 1910	Pau (F)	G. Legagneux	F	Blériot	515,9
30. Dezember 1910	Buc (F)	M. Tabuteau	F	Maurice Farman	584,75
16. Juli 1911	Kiewit	Jan Olieslagers	BRA	Nieuport	625
1. September 1911	Buc (F)	Fourny	F	Maurice Farman	722,94
24. Dezember 1911	Pau (F)	Gobé	F	Nieuport	740,3
11. September 1912	Etampes (F)	Fourny	F	Maurice Farman	1.010,9

Bertrand Piccard und Brian Jones haben es im dritten Anlauf geschafft, die Erde zu umrunden.
Foto: Copyright Breitling

Die Jagd nach Rekorden

Datum	Start in	Pilot	Land	Flugzeug	Distanz in km	
13. Oktober 1913	Buc (F)	A. Seguin	F	Henry Farman	1.021,2	letzte Streckenrekord vor dem Ersten Weltkrieg
3.–4. Februar 1925	Etampes (F)	Ludovic Arrachart, Henri Lemaître		Breguet 19	3.166	Streckenrekord in gerader Linie
26.–27. Juni 1926	Le Bourget (F)	L. Arrachart, Arrachart	F	Potez 550	4.305	
14.–15. Juli 1926	Le Bourget (F)	L. Girier, Dordilly	F	Breguet 19	4.716	
31. Aug.–1. Sept. 1926	Le Bourget (F)	Challe, Weiser	F	Breguet 19	5.174	
28.–29. Okt. 1926	Le Bourget (F)	D. Costes, J. Rignot	F	Breguet 19	5.396	
20.–21. Mai 1927	New York	Charles Lindbergh	USA	Ryan	5.809	New York – Paris
4.–6. Juni 1927	New York	C. D. Chamberlin, A. Levine	USA	Bellanca	6.294	
3.–5. Juli 1928	Rom	Arturo Ferrarin, Carlo Del Prete	Italien	Savoia Marchetti S64	7.188,25	
29. September 1929	Le Bourget (F)	Dieudonné Costes, Maurice Bellonte	F	Breguet 19	7.905	von Le Bourget in die Mandschurei
28.–30. Juli 1931	Brooklyn (USA)	Russell N. Boardman, John Boardman	USA	Wright J6	8.065	
6.–8. Februar 1932	Cranwell (GB)	O. Gayford, G. Nicholetts	GB	Fairey Special	8.544	
5.–7. August 1933	New York	Maurice Rossi, Paul Codes	F	Blériot Zapata	9.104	von New York nach Rayak in Syrien
12.–14. Juli 1937	Moskau	M. Gromov, S. Danilline, A. Youmachev	UdSSR	ANT-25	10.148	von Moskau nach San Jacinto
5.–7. Nov. 1938	Ismailia	H. A. V. Hogan, Mosson	GB	Vickers Wellesley	10.715,5	von Ismailia nach Koepang
5.–7. Nov. 1938	Ismailia	R. Kellett, Gething	GB	Vickers Wellesley	11.520,4	von Ismailia nach Darwin
5.–7. Nov. 1938	Ismailia	A. N. Combe, Bornett	GB	Vickers Wellesley	11.520,4	von Ismailia nach Darwin
12. November 1945	Northwest	Irving, Stawley	USA	Boeing B-29 Superfortress	12.739,6	von Northwest nach Washington
29. Sept.–1. Okt. 1946	Perth	T. Davis, E. P. Rankin	USA	Lockheed P2V Neptune	18.082	von Perth in Australien nach Columbus, Ohio
10.–11. Januar 1962	Okinawa	Clyde P. Evely und Crew		Boeing B52H Stratofortress	20.169	von Okinawa nach Madrid ohne aufzutanken
31. Juli 1964		A. H. Parker		Arlington Sisu 1A	1.040	Segelflieger Distanzrekord
24. März 1976				Eine Boeing 747SP	16.500	landet in Kapstadt nachdem es einen neuen Langstrecken-Weltrekord für Passagierflugzeuge aufgestellt hat
12.–17. August 1998		Ben L. Abruzzo, Maxie L. Anderson, Larry M. Newman		Double Eagle II	5.001	erste Atlantiküberquerung durch einen Gasballon. Ballonrekord für Ausdauer und Strecke: 137 Stunden 5 Minuten 50 Sekunden
8.–10. Januar 1982				Gulfstream III		umrundet in 47 Stunden und 39 Minuten die Erde, bricht dabei drei Weltrekorde und stellt zehn neue auf
23. Dezember 1986				Voyager Composite Trimaran	40.212	Weltrekord für den längsten Distanzflug und erster Nonstop-Flug um die Welt ohne Fremdbetankung. Der Voyager Composite Trimaran beendet seinen Flug um die Welt nach 9 Tagen 3 Minuten 44 Sekunden
21. März 1999		Bertrand Piccard und Brian Jones		Breitling Orbiter 3	40.804	Heißluftballon. beendet seinen ersten Nonstop-Flug um die Welt. Dies ist gleichzeitig der Distanz-Weltrekord für jegliches Luftfahrtgerät
1. September 2004	New York			Airbus A340-500	16.500	Auf dem kürzesten Weg von New York nach Singapur fliegt ein Airbus A340-500 der Singapore Airlines 16.500 Kilometer nonstop. Dies ist mit über 18 Stunden der längste Nonstop-Flug der Welt.

Charles Lindbergh über Paris nach seinem ersten Transatlantikflug
Foto: SV-Bilderdienst

Dauer

Charles Lindbergh war nicht der erste Mensch, der sich auf eine Atlantiküberquerung gemacht hatte. Er war nur der erste, der auch wirklich dort angekommen ist, wo er hin wollte. Einige Piloten vor ihm sind schon im Atlantik verschollen. Alles deutete also darauf hin, dass die Zuverlässigkeit des Motors und die Fähigkeit genügend Treibstoff mitzunehmen über Erfolg und Misserfolg eines solchen Unternehmens entscheiden würde. Schon 1914 stellte Reinhold Böhm einen Weltrekord im Dauerflug auf.

24 Stunden und 12 Minuten blieb er in der Luft. Er benutzte hierzu einen *Albatros-Militär-Doppeldecker* mit einem 75 PS Mercedes-Motor. Den Weltrekord im Ausdauerflug stellten die Brüder Fred und Al Key, auch genannt die Flying Keys auf. In Meridian, Mississippi, liehen sie sich 1935 eine *Curtiss Robin*. Nach 27 Tagen, 84.000 Kilometern und 22.700 Litern Sprit landeten sie wieder am 1. Juli. 653 Stunden und 34 Minuten waren sie in der Luft. Die beiden Brüder hatten für diesen Flug ein Luftbetankungssystem entwickelt, das später vom US Army Air Corps übernommen wurde.

Einen Ausdauerflug ganz ohne Luftbetankung vollführten Masaaki Iinuma und Kenji Tsukagoshi 1937, als sie in einer *Mitsubishi Typ 97 (Ki 125) J-BAAI „Kamikaze"* von Tashikawa nach London flogen, um einen neuen Japan-England-Rekord aufzustellen. Der Flug über 15.356 Kilometer dauert 51 Stunden, 17 Minuten und 23 Sekunden.

Wenn die Key Brothers dachten, das macht ihnen so schnell niemand nach, sollten sie sich geirrt haben: Im März 1949 starteten Bill Barris und Dick Reidel mit einer langsam fliegenden *Aeronca Chief „Sunkist Lady"* zu einem längeren Unternehmen. Nach 1.008 Stunden und 1 Minute landeten sie wieder.

Das ist eine Minute länger als sechs Wochen!

Der Sprit wurde täglich in Kanistern von einem Jeep aufgenommen, der unter dem Flugzeug her raste. Auf dieselbe Art wurde ebenso Verpflegung an Bord geholt. Wie die Bordtoilette entleert wurde, ist allerdings nicht überliefert. Was für eine Leistung! Sechs Wochen in der Luft, sechs Wochen in einem kleinen unbequemen Cockpit! Sicherlich haben die Astronauten im *Space Lab* mehr Auslauf als Barris und Reidel in ihrer spartanischen Sunkist Lady!

Reinhold Böhm stellte 1914 in einem Albatros-Doppeldecker einen Weltrekord im Dauerflug auf. Erstaunliche 24 Stunden und 12 Minuten blieb er in der Luft.
Foto: Luftfahrtarchiv Gerhard Lang

Die deutsche Flugpionierin Hanna Reitsch flog diesen ersten Hubschrauber in der Deutschlandhalle.
Foto: SV-Bilderdienst

Baronin Raymonde de la Roche war die erste Frau, die 1910 eine Pilotenlizenz erwarb.

Courtesy of Special Collections & Archives, Wright State University Libraries

Kathrine Stinson aus den USA stellte neue Streckenrekorde auf.

Foto: PD

Amalia Earhart ist aus der Fliegergeschichte nicht wegzudenken. Von einem Flug von Hawaii nach Kalifornien kam sie nicht zurück.

Foto: PD

Auch Frauen gehen auf Rekordjagd

Dass Frauen irgendwann ihre eigene Sparte bekamen, lag in erster Linie daran, dass sich die Männerwelt verpflichtet fühlte, das „zarte Geschlecht" von den Gefahren des Fliegens fernzuhalten. Wie in anderen Bereichen des Lebens hatten es die Frauen schwer, in diese Domäne einzudringen, und sie mussten besser sein als die Männer, um überhaupt bestehen zu können. Und hier gab es viele Namen, die sich unauslöschlich in die Luftfahrtgeschichte und in die Hall of Fame der Pioniere eingebrannt haben. Raymonde de la Roche in Frankreich war die erste Frau, die 1910 eine Pilotenlizenz erwarb. Kathrine Stinson, Elly Beinhorn, Hanna Reitsch, Jeana Yeager, Patty Wagstaff, Beate Uhse, Melli Beese, Thea Rasche, Marga von Etzdorf, Liesel Bach, Thea Knorr, Jacqueline Cochran, Jacqueline Auriol und Amelia Earhart hatten drei Dinge gemeinsam: Den unbändigen Willen zu fliegen, Ausdauer und Mut. Aber der passive Widerstand schlug ihnen allerorts entgegen: Es fanden sich nicht viele – männliche – Geldgeber, die sich von ihrem Vorurteil freimachen konnten, und weibliche Rekordversuche unterstützten.

1929 organisierte Amalia Earhart das erste National Air Derby mit einem Luftrennen von Santa Monica, Kalifornien, nach Cleveland, Ohio.

Ein Humorist nannte es Powder Puff Derby, Puderquastenderby. Und schon war es aus dem Sportteil der Zeitungen auf Seite Eins gelandet. Jetzt erst wurde die Nation so richtig aufmerksam, dass über ihren Köpfen bereits so viele Frauen flogen, dass man ein ganzes Derby veranstalten konnte! Immerhin kämpften in dieser Zeit Frauen noch um das Wahlrecht! Um überhaupt eine Chance zu haben, gestand Amalia Earhart dem starken Geschlecht zu, dass Frauen ihre eigenen Rekord-Kategorien haben sollten. Und das hat sich bis heute erhalten.

Die Baronin Raymonde de Laroche trug sich 1919 in die Liste mit einem neuen Höhenweltrekord für Frauen ein: 5.150 Meter. Der Männer Rekord von Heinrich Oelerich stand damals bei 8.150 Metern. 1975 flog Svetlana Savitskaya 2.683 km/h schnell.

35

DIE JAGD NACH REKORDEN

Dieter Schmitt

Dieter Schmitt aus Heidelberg flog über hundert Weltrekorde ein. Er stellte auch einen Rekord für einmotorige Erdumrundungen auf.

Erdumrundungen

Die Erde zu umrunden, war seit Christoph Columbus ein Traum der Menschen. Eine Stadt in eine Richtung zu verlassen und sie nach einer aufregenden Reise von der anderen Seite her wieder zu finden, faszinierte die Menschheit, seit bewiesen war, dass die Erde keine Scheibe ist.

1929 umflog die *Graf Zeppelin*, das *LZ-127* als erstes Fluggerät die Erde. Das Luftschiff benötigte für die 34.000 Kilometer 20 Tage und vier Stunden. Das war ein deutlicher Erfolg, hatte man sich doch stets an Jules Vernes' Zeitmaß „In 80 Tagen um die Welt" geklammert. 1931 umrundeten **Wiley Post** und **Harold Gatty** die Erde mit einer *Lockheed Vega*, der „Winnie Mae" in 8 Tagen, 15 Stunden und 51 Minuten. Von New York nach Neufundland, England, Berlin, Moskau, Omsk, Novosibirsk, Irkutsk, Khaberovsk, Nome, Fairbanks, Edmonton, Cleveland, New York. Die beiden erhielten nach ihrer Rückkehr einen Empfang, der dem von **Charles Lindbergh** in nichts nachstand. Allerdings war die Route doch recht weit „oben" auf der Weltkugel, wo die Strecke eben nur 25.000 km lang war, und eben nicht 44.000 km. Viele spätere Erdumrundungen sind unter diesem Licht zu sehen. 1933 wiederholte Wiley Post diesen Flug alleine in 7 Tagen, 18 Stunden und 49 Minuten und verbuchte ihn als die erste Solo-Erdumrundung in der Geschichte der Luftfahrt. Dann brach die Zeit der Luftbetankung an. **Capt. James Gallagher** und eine 13-köpfige USAF Crew flogen 1949 mit einer viermotorigen *Boeing B-50A Superfortress* von Dallas nach Dallas nonstop und loggten dabei 39.000 Kilometer in 94 Stunden und einer Minute, knapp unter vier Tagen. Allerdings wurden sie viermal in der Luft betankt. 1957 flogen drei amerikanische *Boeing B-52* Bomber mit jeweils acht Triebwerken in 45 Stunden um die Welt. Auch sie wurden luftbetankt. Der Flug markierte die erste düsengetriebene Erdumrundung. 1986 fand der erste Flug ohne Nachtanken statt: Die Amerikaner **Dick Rutan** und **Jeana Yeager** flogen von Edwards AFB in Kalifornien im *Voyager* auf einer 40.000 km langen Route in 216 Stunden, 3 Minuten und 44 Sekunden um den Erdball.

Und schließlich gebührt dem Amerikaner **Steve Faussett** die Ehre des ersten Solo-Ballonflugs rund um die Welt. Vom 9. Juni bis zum 3. Juli 2002 war er unterwegs, legte 32.963 Kilometer in 355 Stunden und 50 Minuten zurück, bevor er wieder in Australien landete, wo er auch gestartet war.

Die Tabelle würdigt die härtesten unter den Erdumrundern, die mit nur einem Motor unterwegs waren. Die Sorgfalt, der Mut, das Vertrauen in sich selbst und in die Technik kann nicht hoch genug gewürdigt werden.

Jahr	Crew	Nation	Flugzeug	Route	Bemerkungen
1924	US Army Air Service Lowell Smith & Leslie Arnold, Erik Nelson & John Harding	USA	Douglas World Cruisers	WEST	ursprünglich ein Viererteam, zwei stürzten ab, 175 Tage
1927	Dieudonné Costes	F	Bréguet XIX	WEST	von San Francisco
1928	Joseph Le Brix				nach Tokio per Schiff
1929-1930	Baron F.K. Koenig-Warthausen	D	Daimler-Klemm, 20 PS-Motor	OST	per Schiff über die Ozeane
1931-32	Elly Beinhorn	D	Klemm	OST	per Schiff über den Pazifik und über den Atlantik
1930-1931	Mary Bruce	UK	Blackburn Bluebird	OST	per Schiff über den Pazifik und über den Atlantik
1931	Wiley Post, Harold Gatty	USA	Lockheed Vega	OST	8 Tage
1931	Clyde Pangborn, Hugh Herndon	USA	Bellanca Skyrocket	OST	
1933	Wiley Post	USA	Lockheed Vega	OST	8 Tage
1947	Clifford Evans, George Truman	USA	Piper PA12	OST	Flug im Tandem, 122 Tage
1951	Peter Mack	USA	Bonanza A35	OST	111 Tage, 60.820 km!
1959	Peter Gluckman	USA	Meyer 200	OST	
1964	Geraldine Mock	USA	Cessna 180	OST	erster Alleinflug einer Frau, 29 Tage
1966	Sheila Scott	UK	Comanche 260	OST	
1967	Francis Sommer, John Reiger	USA	Bonanza S35		
1969	Alvin Marks	USA	Cessna C210	OST	13 Tage

Jahr	Crew	Nation	Flugzeug	Route	Bemerkungen
1969	Hypolite Landry	USA	Bonanza	OST	42.780 km, Geschwindigkeitsrekord, 13 Tage
1969	Cliff Tait	NZ	Airtourer 115	OST	per Schiff von Tokio nach Vancouver
1969–1970	Sheila Scott	UK	Comanche 260	OST	zweiter Flug
1971	Edward & Diane Miller	USA	Beech Debonair	OST	auf Hochzeitsreise
1972	Henning Huffer	D	Messerschmitt-Boelkw. BO 209 Monsoon	OST	per Schiff über den Pazifik
1974	Henning Huffer	D	Mooney Chaparral; M20E	OST	
1975	Hans Tholstrup	AUS	Grumann AM 1B, Trainer 105 hp	OST	3 Monate
1975	Robert & Peter Muckestone	USA	Cessna Centurion	OST	
1976	Doc Wisner & Bryce Wisener	USA	Bonanza		
1976	Don Taylor	USA	Thorp T18	OST	erster Eigenbau
1977	Henning Huffer + Pax	D	Mooney Chaparral M20E	WEST	
1977	Peter Straub	USA	Mooney Super Turbo 21		
1977	Jack Rodd, Harold Benham	USA	Bonanza	OST	
1978	Paul Warren-Wilson, Nicholas Walsh	UK	Cherokee 6		
1978	Robert Muckelstone	USA	Cessna Centurion T210		
1978	Frank Haile, Walt Hedgren	USA	Bonanza V35B	OST	44.100 km; 18 Tage
1980	Judith Chisholm	UK	Cessna Centurion T210	OST	
1982	Donald Muir, André Daemen	CAN	Cessna 210N		
1984	Donald Rodewald	USA	Comanche 260	OST	erster Pilot im Rollstuhl
1984	Patrick Franceschi	F	Aviasud Sirocco		
1985–1986	Michael Schultz & Hans Kampik	D	Mooney 231, Porsche PFM 3200	WEST	100.000 km, 62 Länder, 200 Landungen, 600 Stunden
1986	James Pirtle, Henry Riley	USA	Comanche		
1986	Bill & Genevieve Bancroft Wayne Collins Charles Key, Frank Haile Stuart Haile, Doc Wisner Janice Sullivan, Dan Bookout Dan Schilling, Dan Webb Bob Landes, Reinhard Buchally, Andrea Schilan	USA D	Bonanza A36 Bonanza V35B Bonanza V35B Bonanza Piper Lance Bonanza A36 Bonanza	WEST 26 Tage	Gruppenflug
1987	Calin Rosetti Richard Norton	USA ROM	Piper Malibu 310P		über beide Pole Geschwindigkeitsrekord
1987	Dan Webb + versch. Copiloten	USA	Bonanza		zum zweiten Mal
1988	Peter Norvill	AUS	Cessna, Hawk XP	WEST	35 Tage
1988	Chuck Classen, Phil Greth	USA	Bonanza G35		
1988	Mike & Anne Wright	UK	Jodel Mousquetaire	OST	
1989	Gaby Kennard	AUS	Piper Saratoga	OST	52.200 km, 99 Tage
1989	Günther Kuhlmann, Peter Kuffner Frank Haile & Carson Gilmer Dan Webb, Richard Meyehoff Doc Wisner, Janice Sullivan	D USA	Bonanza V35B Bonanza V35B Bonanza A36 Bonanza	WEST	Gruppenflug, 40 Tage
1989	Tony Aliengena + Mr. Aliengena + Gunther Hagen	USA	Cessna 210 + Begleitmaschine	OST 46 Tage	über Russland jüngster Weltumrunder mit 11 Jahren
1990	James Dunlap	USA	Cessna 182		im Alter von 74
1990	Wayne Collins, Charles Key	USA	Bonanza V35B	OST	zum zweiten Mal, 46 Tage
1991	Alex Zawaski, Roberta Alexander	USA	Comanche 260B	OST	55.326 km
1991	Thomas Casey	USA	Cessna 206, On Floats		erstmals mit Amphibienflugzeug ausschließlich über Wasser
1989–1992	Gérard & Margi Moss	BRA	Embraer Sertanejo	OST	erster Flug von Australien nach Südamerika, 50 Länder, 980 Tage

DIE JAGD NACH REKORDEN

Jahr	Crew	Nation	Flugzeug	Route	Bemerkungen
1992	Bill Signs Iouri Kharitonov	USA UdSSR	Mooney 20E		
1992	Dieter Langer	USA	Maule		
1993					
1993	Hans Schneider	D	Cessna 150		per Schiff über die Ozeane
1993	Murray Goodrich, Jay Shower	USA	Bonanza F33A	OST	6 x über den Äquator, 45 Tage
1993	Zissis Pehlevanudis	GR	Bonanza; SL-AML		
1993	Nicolas Gorodiche, Jacques Lemaigne Olivier Waisblat	F	TBM		
1994	Dieter Schmitt	D	Bonanza F33A	OST	6 Tage
1994	Peter Weidmann, Eduardo Nixon	D	Bonanza F33; EL.SAL.	WEST	35 Tage
1995	Antonio Faria e Mello	P	Bonanza F33	OST	Pilot im Rollstuhl, 70 Tage, 51.069 km
1995	Jon Johanson	AUS	Van RV4	OST	
1995	Jay Merten & Sandi Smith	USA	Malibu	OST	86 Tage, 45.545 km
1996	Hans Gutmann	AU	Glasair IIS-RG	OST	
1996	Jon Johanson	AUS	Van RV4	WEST	zweiter Flug
1996	Bill Signs, Ruth Jacobs	USA	Cessna 210L		erster einmotoriger Flug um die Welt, der in 7 Kontinenten gelandet ist
1997	Jürgen Timm Gunter Kuhlmann	D	Bonanza V Bonanza A36		Tandemflug
1997	Dieter Schmitt	D	Bonanza F33A		zweiter Flug
1997	Jorge Cornish, Alfredo Dehmlow	MEX	Mooney 231/305R	OST	55 Tage
1997	Dick Rutan Mike Melvill	USA USA	Long EZ	OST	Tandemflug. 54.000 km 81 Tage
1997	Gary Burns, Alex Schenk	AUS	Lancair IV	OST	
1997	Tony Cowan Ced Hughes Bill Purchase	UK	2 Chipmunks 1 Islander	OST	Tandemflug Across Russia
1997	Miszkurka Waldemar, Andrzej Szyymanski Boguslaw Gajek	P	Antonov-2	OST	
1997	Jürgen Fuchs & Harmut Bader	D	Mooney M20M	OST	
1998	Lee Joo Hak (Peter)	KOREA	Cherokee 235	OST	46.800 km, 36 Tage
1998	Brian Milton + K. Reynolds, P. Petrov (streckenweise)	UK	Trike	OST	erste Umrundung mit einem Trike (Ultralight), 4.634 km 121 Tage
1998	Mario Ardoino	AUS	Archer	WEST	
1998	Nikki Mitchell, Rhonda Miles	USA	Maule M5E	OST	49 Tage
1998	Reed Prior	USA	Mooney M20J	WEST	
1999	Horst Ellenberger + versch. Copiloten Peter Woelfel + versch. Paxe Robert Reiss	D USA	Turbine Bonanza Bonanza A36 Turbine Bonanza	OST	Gruppenflug
1999	Mario Ardoino	AUS	Archer	WEST	zweiter Flug
2000	H. G. Schmid	CH	Long EZ	OST	27 Tage
2000	H. G. Schmid	CH	Long EZ	WEST	zweiter Flug, 27 Tage
2000	Jon Johanson	AUS	Van RV4	OST	über Nordpol
2000	Robert Ragozzino	USA	Stearman N2S-B	OST	5 Monate
2001	Polly Vacher	UK	Piper Dakota	OST	
2001	Michel Gordillo	E	MCR-01	OST	
2001	Gérard Moss	BRA	Ximango	WEST	

Das längste Luftrennen der Welt

1930 wurde in Australien eine Idee geboren, die Geschichte machen sollte: Ein Luftrennen von London (Mildenhall) nach Melbourne. Die Idee stammte vom Bürgermeister von Melbourne, der sich Gedanken darüber gemacht hatte, wie man das hundertjährige Bestehen der australischen Provinz Victoria gebührend feiern könnte. War die Entdeckung Australiens noch mit Mühsal und jahrelangen Fahrten auf Segelschiffen verbunden, so würde man nun der Welt zeigen, wie eng man mit der englischen Krone verbunden war und wie man in wenigen Tagen vom englischen Mutterland in die entfernte Provinz reisen konnte.

Ein Sponsor war schnell gefunden, das Preisgeld von 75.000 USD wurde vom Australischen Konfekthersteller **Sir MacPherson Robertson** gestiftet. Es war an die Bedingung geknüpft, dass das Rennen seinen Namen trug. So wurde das MacRobertson Trophy Air Race von Mildenhall bei London nach Flemington Racecourse bei Melbourne vom Royal Aero Club of England organisiert. Der Aero Club empfahl zwei Kategorien: Zum ersten sollte natürlich die Geschwindigkeit entscheiden. Wer zuerst ankam, sollte auch gewinnen. Zum anderen gab es eine Handicap Division, bei der man innerhalb von 16 Tagen ankommen musste. Der Gewinner war dabei der Pilot, der die geringste Flugstundenzahl benötigte.

Jim Mollison testete die Route 1931 aus und legte die Strecke als Basisroute fest. Sie war 18.000 Kilometer lang und enthielt fünf Pflichtlandeorte: Baghdad, Allahabad, Singapore, Darwin und Charleville. Darüber hinaus konnten sich die Piloten ihre Strecke selbst aussuchen. Der Aero Club empfahl den entsprechenden Ländern, ihre Flugplätze entlang der Strecke auszubauen und aufzuwerten. So wurden sogar noch weitere 22 optionale Landeorte mit Flugbenzin ausgestattet. Die Firma Shell rüstete die in Frage kommenden Flughäfen dazu mit Betankungsanlagen und Schmierstoffen aus. Auch für Unterkunft der Crews war bei Bedarf gesorgt.

Es gab kein Größenlimit für das Flugzeug oder die Crews. Aber es durfte auch kein Pilot unterwegs dazu stoßen, nachdem die Flugzeuge England einmal verlassen hatten. Die Maschinen mussten pro Crewmitglied drei Tagesrationen an Verpflegung mitführen, Schwimmwesten, Flöße, Rauchpatronen, und es mussten zuverlässige Instrumente an Bord sein. Eine weitere Bedingung wurde noch nachgereicht: Die Flugzeuge mussten ein Lufttauglichkeitszertifikat von ihrer eigenen Luftfahrtbehörde nachweisen, das bestätigte, dass sie die Minimum-Auflagen der International Convention of Air Navigation (ICAN) erfüllten. Der Start wurde festgelegt auf den 20.10.1934 bei Sonnenaufgang. 64 Teilnehmer aus 13 Ländern waren nach England gekommen, davon allein 27 Flugzeuge und 20 Piloten aus den USA. Doch wegen der strengen Regeln lichtete sich das Feld. 44 teilnehmende Teams wurden zähneknirschend ausgeschlossen.

60.000 Zuschauer säumten den Flugplatz Mildenhall, als das Rennen begann. Am Start waren die unterschiedlichsten Flugzeugtypen, von der einmotorigen Maschine bis zur *DC-2* der KLM. Im 45-Sekunden-Rhyth-

McRobertson Air Race 1934 – Pflichtlandepunkte

DIE JAGD NACH REKORDEN

Schnellste Zeit

Flugzeug	Registrierung	Nationalität	Crew	Resultat
DH.88 Comet „Grosvenor House"	G-ACSS	England	C.W.A. Scott, T. Campbell Black	Erster. Benötigte Zeit 71:0:18
Boeing 247-D „Warner Bros. Comet"	NR257Y	United States	Roscoe Turner, Clyde Pangborn	Zweiter. Benötigte Zeit 92:55:38
DH.88 Comet	G-ACSR	England	O. Cathcart Jones, K. F. Waller	Dritter. Benötigte Zeit 108:13:45

HANDICAP SECTION

Flugzeug	Registrierung	Nationalität	Crew	Resultat
Douglas DC-2 „Uiver"	PH-AJU	Netherlands	K. D. Parmentier, J. J. Moll, B. Prins, C. Van Brugge	Erster. Ankunft in Melbourne 24.10.34, geflogene Zeit 81:10:36, benötigte Gesamtzeit 90:13:36
DH.80 Puss Moth „My Hildegarde"	VH-UQO	Australia	C.J. Melrose	Zweiter. Ankunft in Melbourne 31.10.34, geflogene Zeit 120:13:59, benötigte Gesamtzeit 10 Tage 16:23

Verbleib der anderen Teilnehmer

Flugzeug	Registrierung	Nationalität	Crew	Resultat
Miles Hawk Major	ZK-ADJ	New Zealand	S/Ldr. M. McGregor, H. C. Walker	Schnellste Zeit für einmotorige Maschinen; Ankunft 27.10.34, benötigte Gesamtzeit 7 Tage 14:58
Airspeed AS.5 Courier	G-ACJL	Britain	S/Ldr. D. Stodart, Sgt. Pilot K. Stodarttion.	Dritter in der Handicap Sec Ankunft 30.10.34, benötigte Gesamtzeit 9 Tage 18:11
DH.89 Dragon Rapide	ZK-ACO	New Zealand	J. D. Hewitt, C. E. Kay, F. Stewart	Fünfter in der Handicap Section. Ankunft 3.11.34
Desoutter Mk.II	OY-DOD	Denmark	Lt. M. Hansen, D. Jensen	Sechster in der Handicap Section Ankunft 31.10.34
Miles Falcon	G-ACTM	Britain	H.L. Brook, Miss E. Lay (Passagier)	Ankunft 20.11.34
Fairey IIIF	G-AABY	Britain	F/O C. G. Davies, Lt. Cdr. C. N. Hill	Ankunft 24.11.34
Fairey Fox I	G-ACXO	Australia	R. Parer, G. Hensworth	Aufgabe in Paris. Ankunft in Melbourne 13.2.35.
DH.88 Comet „Black Magic"	G-ACSP	Britain	J. A. Mollison & Mrs. Amy Mollison (Johnson)	Aufgabe wegen Motorschaden in Allahabad
Airspeed AS.8 Viceroy	G-ACMU	Britain	N. Stack, S. L. Turner	Aufgabe wegen Schwierigkeiten mit den Bremsen in Athen
Pander S4 „Panderjager"	PH-OST	Netherlands	G. J. Geysendorffer, D. L. Asjes-Pronk	Bruchlandung in Allahabad
Lockheed Vega „Puck"	G-ABGK	Australia	J. Woods, D. C. Bennett	Bruchlandung in Aleppo
Lambert Monocoupe 145 „Baby Ruth"	NC501W	United States	J. H. Wright, J. Polando	Aufgabe in Calcutta
B.A. Eagle	G-ACVU	Britain	F/Lt. G. Shaw	Aufgabe in Bushire
Granville R-6H „Q.E.D."	NX14307	United States	Miss J. Cochrane, W. Smith	Bruchlandung in Bukarest
Fairey Fox I	G-ACXX	Britain	H. D. Gilman, J. K. Baines	Absturz in Italien, Crew kam dabei ums Leben

mus starteten die 20 Maschinen. Jim Mollison, der die Strecke aus kundschaftet hatte, wollte sich seinen nicht zu unterschätzenden Vorteil zu Nutze machen und flog mit.

Einige Maschinen schlugen sofort den Kurs nach Baghdad ein, andere nach Marseille, Rom oder Bukarest, wieder andere nach Athen, je nach Reichweite der Tanks. Bereits am zweiten Tag waren mehrere Maschinen ausgeschieden, sei es wegen Öl-Lecks oder einigen fatalen Bruchlandungen. Auch die Mollisons mussten aufgeben, nachdem sie wegen schlechten Wetters nach Jobbolpore (Indien) ausweichen mussten. Dort gab es keinen geeigneten Treibstoff. Mollison tankte ein Dieselgemisch und hatte bald darauf einen Kolbenfresser.

Von allen Teilnehmern kamen nach teils dramatischen Erlebnissen nur neun in Melbourne an. Eine Crew verunglückte tödlich beim ersten Stopover in Italien.

Die Sieger, **Charles Scott** und **Campbell Black**, benötigten 71 Stunden für die gesamte 18.200 Kilometer lange Strecke.

Jim Mollison, der Organisator des Rennens und hoch gehandelter Aspirant auf den Sieg, wird später wegen eines Motorschadens in Indien aufgeben.
Foto: Sammlung Dr. Korrell

20 Maschinen der unterschiedlichsten Kategorien stehen fein säuberlich aufgereiht in Mildenhall und warten auf das Startsignal zum längsten Luftrennen der Welt.
Foto: Sammlung Dr. Korrell

Vom Gleiter bis zum Hyperschall

Die abenteuerliche Entwicklung der Flugzeuge

Eine SR-71 nach der Luftbetankung über der kalifornischen Sierra Nevada. Noch sieht man die offene Tankklappe und Spuren von Treibstoff auf den Tragflächen.
Von den 30 SR-71 wurden drei als Trainerversion gebaut, indem man das hintere Cockpit erhöht hat. Die Maschine ist in dieser Version auch von hinten zu fliegen.
Wegen der großen Höhe und der Hitzeentwicklung im Hyperschallbereich fliegen die Piloten in einem Raumanzug.
NASA Dryden Aircraft Photo Collection

VOM GLEITER BIS ZUM HYPERSCHALL

Focker DR.1

Die Fokker DR.1 war ein perfekt durchkonstruiertes, kunstflugtaugliches Flugzeug. Gesteuert von furchtlosen Piloten nahm sie es jederzeit mit mehreren feindlichen Maschinen auf.

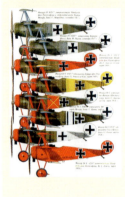

Tops ...

Sobald man während der Weltkriege merkte, dass ein Flugzeug besonders erfolgreich war, wurden davon gewaltige Stückzahlen gebaut. Mit einer rühmlichen Ausnahme, der Fokker DR.1. Baron Freiherr **Manfred von Richthofen**, von seinen Feinden ehrfürchtig „The Bloody Red Baron" genannt, flog im Ersten Weltkrieg erfolgreich mit nur 320 seiner bunt bemalten Fokkers gegen tausende von Spads, Nieuports, Albatross und Sopwith Camel der alliierten Gegner an.

Ju 52: Ende der Zwanzigerjahre baute Junkers die *W33/34* zu einer vergrößerten Frachtmaschine mit einer Nutzlast von 2.000 kg bei einer Reichweite von 1.500 km um. Da dies keine andere Maschine der damaligen Zeit leistete, wurde das Flugzeug international schnell erfolgreich. Der 15-Sitzer wurde zum Rückgrat der Lufthansa-Flotte. 30 Fluggesellschaften in 25 Ländern beschafften die Maschine. Doch auch die neu gegründete Luftwaffe zeigte Interesse an der *Ju 52* und bestellte 540 Exemplare der Bomberversionen, die auch zum Transport von Fallschirmjägern, als Aufklärer, Sanitätsflugzeug und Schlepper für Lastensegler genutzt wurden. Das Cockpit wurde stark gepanzert, das Flugzeug konnte wahlweise mit Rädern, Kufen, Skiern oder Schwimmern ausgerüstet werden. Die Ju war leicht zu fliegen, zuverlässig, lag stabil in der Luft, sie war extrem robust und wirtschaftlich.

Insgesamt wurden von dieser Erfolgsmaschine 5.415 Stück gebaut, 4.845 davon in Deutschland (Foto auf Seite 50 oben).

C-47 (DC-3): 1936 wurde das Flugzeug erstmals von Douglas gebaut. In der amerikanischen Militärversion brachte sie es auf 10.629 Exemplare. Unter dem Namen Dakota wurde sie vor allem den eingeschlossenen Berlinern während der Luftbrücke bekannt. Zu Spitzenzeiten wurden 1,8 Flugzeuge pro Stunde gebaut! Außerdem bauten die Russen während des Krieges unter dem Namen Lisunov weitere 5.000 Stück in Lizenz. Nach dem Krieg kamen noch einmal 2.500 zivile Versionen hinzu. Darüber hinaus wurden in Japan 487 C-47 in Lizenz gebaut (71 Stück bei Nakajima, 416 bei Showa Aircraft Copmpany). Alles in allem wurden also von diesem Flugzeug 18.616 Exemplare gebaut.

Die C-47 wird den Berlinern in ewiger Erinnerung bleiben, trug sie doch während der Luftbrücke wesentlich dazu bei, Berlin am Leben zu erhalten.
Foto: SV-Bilderdienst

Mustang P-51: Die amerikanischen Bomberpulks waren wärend des Zweiten Weltkrieges den deutschen Jagdstaffeln anfangs hoffnungslos ausgeliefert. Daher wurde mit Hochdruck ein Flugzeug entwickelt, das sich für den Begleitschutz eignete. Es musste den *Gf 109* und *Fw 190* überlegen sein. In nur 117 Tagen Entwicklungs- und Bauzeit war der erste Prototyp der *Mustang P-51* fertig. Sie war wendig, einfach zu fliegen und etwa 70 km/h schneller als die *Messerschmitt Bf 109*. Nachdem die ersten Erfahrungen in eine verbesserte Konstruktion eingebracht waren, ging das Flugzeug in Serie. 15.486 Exemplare wurden davon gebaut. Die Mustang war hauptsächlich dafür verantwortlich, dass die Alliierten in Deutschland die Luftüberlegenheit erringen konnten. Bis die Deutschen vergleichbares entwickelt hatten, war es zu spät.

Spitfire: Die *Spitfire* war der größte Wurf der Royal Air Force im Zweiten Weltkrieg. Sie war klein, wendig und schnell. Von 1938 bis 1945 wurden insgesamt 20.334 Exemplare gebaut. Vor allem während der Luftschlacht um England hatte sie ihren größten Erfolg. Es war nicht nur der elliptische Flügel und die starke Bewaffnung mit zwei 20-mm-Kanonen und vier MGs, sondern auch der 1.250 PS starke Motor, der auf 100-Oktan-Treibstoff abgestimmt war. Die deutschen Flugzeuge mussten sich mit 87 Oktan begnügen. Nachteil der *Spitfire* war, dass sie wegen des schmalspurigen Fahrwerkes am Boden schwer zu rollen war. Das traf allerdings auch für die *Me 109/BF 109* zu.

Messerschmitt Bf 109 (Me 109): 33.000 Stück wurden von diesem Flugzeug gebaut, das zu den erfolgreichsten Jagdflugzeugen des Zweiten Weltkrieges gehörte. 1935 wurde die Maschine nach einem Vergleichsfliegen zwischen der *Arado Ar 80*, der *Focke-Wulf Fw 159* sowie der *Heinkel He 112* beschafft. Taktisch war die *Bf 109* bis 1940 den englischen *Hurricanes* und *Spitfires* in mancher Hinsicht überlegen. Außerdem hatte sie mit acht MGs eine höhere Feuerkraft als die englischen Jäger. Ende 1943 wurde die *Bf 109* durch die *P-51 Mustang* deutlich übertroffen. Und doch wurden mit keinem anderen Flugzeug so viele Abschüsse erzielt wie mit der *Bf/Me 109*. Allein Erich Hartmann errang 352 Luftsiege mit dem Flugzeug.

Fw 190: Die *Focke-Wulf Fw 190 „Würger"* wurde im Mai 1939 erstmals geflogen. Sie waren mit einem BMW Sternmotor ausgerüstet. Aber erst im Dezember 1940 wurde die Maschine der Luftwaffe übergeben. Vom ersten Tag an war sie den alliierten Jägern überlegen. Sie hatte auch bessere Leistungsdaten als die *Messerschmitt Bf 109*. Sie wurde als Tagjäger *(Fw 190A-4)*, Bomberzerstörer *(Fw 190A-8)*, Schlechtwetterjäger *(Fw 190A-9)* Aufklärer *(Fw 190E-1)*, Jagdbomber *(Fw 190F)*, Schulflugzeug *(Fw 190S)* und Jagdbomber mit vergrößerter Reichweite *(Fw 190G)* verwendet. Erst Flugzeuge wie die englische *Spitfire* oder die amerikanische *Mustang* waren ihr überlegen und räumten unter den 20.000 gebauten *Fw 190* fürchterlich auf.

IL-2: Die russische IL-2 hält bis heute mit 36.163 Stück den Rekord als das meistgebaute Flugzeug der Welt. Der zweisitzige Jagdbomber ging 1941 in Serie, nachdem die ersten Testflüge mit der von Sergej Wladimirowitsch Iljuschin entworfen Maschine erfolgreich verlaufen sind. Der 1.760 PS starke Zwölfzylinder-Reihenmotor und das Cockpit waren mit 12 mm dickem Stahlblech gepanzert. Zwei 37-mm-Kanonen und vier MGs waren starr in die Flügelspitzen eingebaut, ein weiteres wurde vom hinten sitzenden Bordschützen bedient. Pro Tag wurden 40 Flugzeuge produziert.

Mustang P-51

Auch die amerikanische Mustang P-51 war ein kriegsentscheidendes Flugzeug.

Die IL-2 ist eine solide russische Wertarbeit. Kein Flugzeug in der Geschichte der Fliegerei wurde so oft gebaut wie dieses.
Foto: Dr. Peter Korrell

... und Flops

Flugzeuge, die es nur als Prototyp gibt. Ideen, die zu früh kamen. Geldgeber, die ihre Geduld oder die Nerven verloren. Gründe gibt es viele, die eine technische Entwicklung scheitern lassen. Und auch ein erfolgreicher Erstflug, eine funktionierende Maschine bedeuten noch lange nicht, dass die angestrebte Serienfertigung anläuft oder zum erhofften Erfolg führt.

d'Ecquevilly; Frankreich 1908
Kaum war die Kunde von dem erfolgreichen Motorflug der Gebrüder Wright nach Europa gelangt, machten sich Konstrukteure und Fantasten daran, die abenteuerlichsten Flugapparate zu bauen. Das Motto war „Wenn zwei Flügel den Flugapparat vom Boden bringen können, dann können viele Flügel noch mehr." Die ernüchternde Erkenntnis war, dass sich diese Apparate meist überhaupt nicht vom Boden erhoben oder irgendwann dem Konstrukteur um die Ohren flogen.

Dreidecker von Bezobrazov; Russland 1914
Alexander Alexandrovich Bezobrazov war russischer Offizier mit einem unbändigen Interesse an der Fliegerei. Er baute in seinem eigenen Schuppen einen Dreidecker, kam aber nie dazu, ihn zu testen. Als der Erste Weltkrieg ausbrach, musste er einrücken. Die russische Armee testete sein Flugzeug ohne ihn. Wegen einer Verwundung kehrte er nach Hause zurück und baute weiter an seinem Flugzeug. Hier verlieren sich alle Spuren von ihm und seiner Maschine.

AD Scout (Sparrow); Großbritannien 1915
Auf Geheiß der Britischen Admiralität wurden 1915 vier Prototypen eines Luftschiffsbekämpfungsflugzeugs gebaut. Ein Holzrahmen mit Stoffüberzug und Schubmotor, und schon war der Doppeldecker fertig. Der Pilot hatte eine exzellente Sicht nach vorne. Als Bewaffnung war ein rückstoßfreies Maschinengewehr vorgesehen, das aber nie installiert wurde. Das Flugzeug war so schwierig zu bewegen, sogar am Boden, dass man die Pläne bald aufgab. Die vier Prototypen wurden zerlegt, manche unfreiwilligerweise bei der Landung.

Engels I; Russland 1916
Amphibischer Jäger, konstruiert von Eugenij Robertovich Engels, der das Flugzeug auch testete. Er stellt damit sogar den Geschwindigkeitsweltrekord für Wasserflugzeuge von 170 km/h auf. Beim dritten Testflug brach ein Teil des Flügels, ein Spannseil riss und wickelte sich um den Propeller. Trotzdem wurden 60 Maschinen dieses Typs bestellt, allerdings mit einem stärkeren Motor. Dieser jedoch bereitete nichts als Probleme, so dass nur ein zweiter Prototyp gebaut und das Projekt schließlich erfolglos eingestellt wurde.

Bristol Braemar; Großbritannien 1917
Der *Bristol Braemar* sollte ein viermotoriger Bomber werden, dessen Motoren in einer Art Maschinenraum im Rumpf untergebracht werden sollten. Ein Umlenkgetriebe sollte die Kraft zu den Propellern an den Flügeln übertragen. Doch die technischen Schwierigkeiten und der Kraftverlust waren so groß, dass man die Motoren mit je zwei Zug- und Druckpropellern über dem Rumpf anordnete. Und doch war die Leistung des Dreideckers beim Erstflug 1918 so miserabel, dass man die Maschine neu entwarf und vier stärkere Motoren einbaute. 1919 flog diese Version als *Bristol 25 Braemar II* erstmals. Da aber keine Bomber mehr gebraucht wurden, wurde auch das Konzept wieder verworfen. Die bereits fertig gestellte dritte Version wurde zum *Bristol 26 Pullman* umgebaut und diente als Luxusflugzeug für 14 Passagiere.

Linke-Hoffman R.I; Deutschland 1917
Ein „Riesenflugzeug", das seinesgleichen suchte. Gebaut wurde der Bomber als Doppeldecker mit vier 250-PS-Mercedes-Motoren zwischen den Flügeln. Was das Flugzeug jedoch von allem unterschied, was bisher gebaut wurde: Die Bespannung von der Kabine bis zum Heck war aus Zelluloid, wie man es in der Filmindustrie

Ein abenteuerliches Gerät, der d'Equevillay, aber letztendlich nichts als eine Seifenkiste mit ein paar Flügelflächen.
Postkarte PD

verwendete. Das machte das Flugzeug nahezu transparent und unsichtbar, was die Bekämpfung erschwerte. Der Gigant brachte es auf 125 km/h. Nur 55 Exemplare wurden davon gebaut.

Danton-Wright RB-1 Racer; USA 1920

Der Racer wurde speziell für Luftrennen konstruiert. Er hatte als erstes Flugzeug ein einziehbares Fahrwerk, freitragende Flügel und eine variable Flügeloberfläche. Trotzdem wurde das Flugzeug nach den 20er-Jahren nicht weiter gebaut. Seine Technologie der variablen Flügeloberfläche war jedoch so fortschrittlich, dass man beim Bau der *Boeing 747* wieder darauf zurückgriff. Vom *Danton-Wright Racer* wurden nur einige Exemplare gebaut.

Caproni Ca 60 Transaereo; Italien 1921

Der italienische Ingenieur **Gianni Caproni** war bereits 1921 davon überzeugt, dass das Flugzeug ein Transportmittel werden würde, das von den Menschen mit der gleichen Selbstverständlichkeit benutzt werden würde, wie die Eisenbahn. Er war auch davon überzeugt, dass man auf einem einzigen Flug mehr als hundert Menschen befördern kann und machte sich an den Entwurf eines fliegenden Giganten: der *Caproni Ca 60*. Er berechnete, wie viel Tragfläche er bei welcher Geschwindigkeit brauchen würde, um einen geschlossenen Schiffsrumpf mitsamt 160 Passagieren aus dem Wasser heben zu können. So baute er ein Ungetüm mit 9 Tragflächen in drei Etagen. Das Bauwerk flog tatsächlich einmal, erhob sich 20 Meter aus dem Wasser, dann wurde es kopflastig und stürzte ab. Mysteriöserweise fing das Wrack ein paar Tage später Feuer und verbrannte. Das war das vorläufige Ende einer Vision.

Komta; Russland 1924

Die *Komta* war ein gewaltiges Flugzeug. Ein massiv gebauter Dreidecker, mit einem doppelten Höhenleitwerk am Heck. 1919 begann der russische Flugzeugkonstrukteur **Zhukovsky** mit dem Bau. 1920 war der erste Prototyp fertig gestellt. 1921 wurden die Motoren eingebaut. Ein Jahr brauchte man, um die Einstellung der Motoren und die Wahl der Propeller für das Flugzeug zu optimieren. 1922 begann man mit Rollversuchen. Es zeigte sich, dass der Schwerpunkt zu weit hinten lag. Man baute die Motoren einen Meter weiter nach vorne. Es half trotzdem nichts. 1923 führte man erste Versuchsflüge durch, sie endeten durchweg enttäuschend. Auch Tests im Windkanal erfüllten nicht die Erwartungen. Schließlich ließen auch die Motoren in Folge der vielen Testläufe nach. 1924 wurde das Projekt aufgegeben.

Loring E-1; Spanien 1926

Der US-Millionär **Daniel Guggenheim** setzte den ersten Flugsicherheitspreis in Höhe von 100.000 Dollar aus für das Flugzeug mit den sichersten Flugeigenschaften. Die Bedingungen waren:

- Das Flugzeug musste bei einer Geschwindigkeit von 56 km/h noch kontrollierbar sein, die Höhe halten können und nicht in den Bereich des Strömungsabrisses kommen
- Es musste bei einer Geschwindigkeit zwischen 72 und 160 km/h für mindestens fünf Minuten bei Gegenwind steuerbar sein
- Gleitflugeigenschaften bei stehendem Motor
- Kurzstarteigenschaften.

27 Flugzeuge aus sieben Ländern wurden für den Wettbewerb angemeldet. Der spanische Beitrag war die Loring E-1. Das Flugzeug hatte exzellente Eigenschaften, wurde jedoch schließlich doch nicht nach Amerika geschickt, da man fürchtete, der Motor sei zu schwach gegenüber der Konkurrenz. Und doch war damit das Ziel für die Spanier erreicht: Sie hatten ein Flugzeug gebaut, mit dem sie an den internationalen Standard anknüpfen konnten.

Obwohl die Technik an diesem Flugzeug von der variablen Flügeloberfläche bis zum einziehbaren Fahrwerk sehr fortschrittlich war, hatte das Flugzeug keinen Erfolg.

Curtiss-Bleeker; USA 1930

Frühe amerikanische Versuche, einen Hubschrauber zu bauen, endeten wie dieser in einem karussellähnlichen Gebilde, mit dem man zwar einige Hopser vollführte, doch das Konzept verschwand schnell wieder in der Ablage.

Pitcairn Autogiro AC-35; USA 1935

Die Idee, die dahinter steckte, war „ein Flugzeug in jedermanns Garage". Den Rotor konnte man nach hinten falten, die Kabine bot Platz für zwei Personen. Auf der Straße brachte das Gefährt immerhin 40 Stundenkilometer, in der Luft fast 100 km/h, in einer späteren Version sogar 150 km/h. Jedoch zerbrach die Firma, die die Rechte gekauft hatte, nach dem Bau des ersten Prototyps 1935 an internen Schwierigkeiten. Damit verschwand auch das Projekt in der Versenkung.

Fairey Battle; Großbritannien 1936

Als Zweisitzer gebaut ging dieses Flugzeug 1936 als Tageslicht-Bomber in Serie. 2.184 Maschinen wurden im Laufe des Zweiten Weltkrieges von diesem Typ gebaut. 1939 war die Maschine zwar veraltet und ohne Begleitschutz der deutschen Luftwaffe unterlegen, aber in Ermangelung eines geeigneten Nachfolgers blieb die Maschine an vorderster Front. Unvergessen ist der Angriff auf zwei Brücken bei Maastricht, um den deutschen Vormarsch nach Belgien zu stoppen. Die sechs *Fairy Battles* teilten sich in zwei Rotten auf. Alle sechs Maschinen wurden abgeschossen.

Hanriot H.220; Frankreich 1937

Prototyp. Das Flugzeug war schwer zu fliegen, wurde vollkommen überarbeitet. Aus ihr wurde die *Hanriot H.220-2*. Doch auch diese musste noch mal überarbeitet werden, bevor sie in Serie gehen durfte. Schließlich wurde daraus die *NC-600*. Ein elegantes Flugzeug, leicht zu fliegen, doch von der französischen Luftwaffe wurde sie ignoriert. So wurden aus der gesamten Baureihe insgesamt nur drei Stück gebaut.

Curtiss-Wright CW 21 Demon; USA 1939

Die *CW-21 Demon* war ein Leichtgewicht-Jäger, der in erster Linie für den Export bestimmt war. China bestellte 32 Stück davon, um sich gegen die japanischen Invasoren zu wehren. Da jedoch die Piloten in ihrem Cockpit mehr exponiert als geschützt waren, wurden sie leichte Opfer der japanischen Übermacht.

Blackburn B-20; Großbritannien 1940

Flugboote schienen in der Zeit zwischen den Weltkriegen die Zukunft zu sein. Denn viele Gewässer dieser Erde waren einfach zu weit, um sicher das andere Ufer zu erreichen. Außerdem konnte man vor jedem Hafen aufs Wasser gehen und war nicht immer auf Landebahnen angewiesen. Aber Flugboote hatten einen entscheidenden Nachteil. Um die Propeller aus dem Wasser zu halten bedurfte es hoher Aufbauten, und diese beeinträchtigten die Flugeigenschaften durch ihren hohen Luftwiderstand. 1936 hatte der Chef Designer der britischen Blackburn Aircraft Company, J. D. Rennie,

Die Autogiros hatten Flügel, Rotor und Propeller. Sie waren aber so laut und störanfällig, dass sich das Konzept nie richtig durchgesetzt hat.
NASA Dryden Aircraft Photo Collection

... UND FLOPS

An diesem Modell des Curtiss-Bleeker hatte jedes Rotorblatt einen eigenen Propeller. Man kann sich die komplizierte Getriebekonstruktion kaum vorstellen.
NASA Dryden Aircraft Photo Collection

eine geniale Idee. Er entwarf einen ausfahrbaren Bootsrumpf, der zur Wasserung ausgefahren wurde, und nach dem Start eingezogen werden konnte. Das sollte die Geschwindigkeit erhöhen und den Treibstoffverbrauch senken. Doch beim ersten Testflug der Maschine traten Schwingungen auf, die die Crew zwangen abzuspringen. Drei der fünf Besatzungsmitglieder kamen ums Leben. Wegen des Ausbruchs des Zweiten Weltkrieges wurde das Konzept aufgegeben.

Kayaba Ka-1; Japan 1941

Japan baute 240 von diesen erfolgreichen Autogyros, die man vor allem als Beobachtungsflugzeuge und Steuerplattform für die eigene Artillerie einsetzte. Das Gerät war so problemlos zu fliegen, dass man es auch zum Küstenschutz und auf Flugzeugträgern mit jeweils zwei 60-Kilo-Bomben oder zur Unterseeboot-Bekämpfung einsetzte.

Focke-Achgelis Fa 330 Bachstelze; Deutschland 1942

Für einige Zeit während des Zweiten Weltkrieges beherrschte die deutsche Marine mit ihren U-Booten den Atlantik. Doch ab 1942 wurden die U-Boote durch verstärkte Bekämpfung in Küstennähe weiter in den offenen Ozean verdrängt, wo es schwerer war, Nachschublinien zu unterbrechen. Um gegnerische Schiffe früher erkennen zu können, baute Focke-Achgelis einen Rotor-Drachen, der vom U-Boot gezogen wurde und sich per Autorotation in der Luft hielt. Das Gerät bestand aus einigen Stangen, war einfach zusammenzusetzen und im engen U-Boot zu verstauen. Es besaß keinen eigenen Motor. Ein Beobachter wurde bei günstigem Wind an einem 300 Meter langen Kabel hinter dem U-Boot hergezogen. Im besten Fall konnte die Bachstelze auf 220 Meter Höhe gezogen werden. Das vergrößerte die Sichtweite auf 53 Kilometer. Je schwächer der Wind, umso niedriger die Beobachtungshöhe, umso geringer die Sicht. Besser als Periskoptiefe war es jedoch allemal. Wollte der Pilot zurück an Bord, sprach er mit der Crew über ein Intercomkabel, das um das Schleppkabel gewickelt war. Mit einer Winde wurde er dann eingeholt. Mit wenigen Handgriffen war das Gerät zerlegt und unter Deck verstaut. Anders war es bei einer eventuellen Nottauchoperation. Allen war klar, dass man, um das Schiff zu retten, notfalls den Beobachter

Flugzeuge im Schlepp

Geschleppte Flugzeuge waren im Zweiten Weltkrieg auf allen Seiten in Verwendung. Bei manchen Angriffen wurden hunderte von geräuschlosen Lastenseglern benutzt, in deren Innenräumen tausende von Soldaten in ein Kampfgebiet gebracht wurden.

Innerhalb der Schleppflugzeuge nahm die Bachstelze jedoch eine Sonderstellung ein, denn ein Flugzeug von einem U-Boot schleppen zu lassen, war reichlich unkonventionell.

VOM GLEITER BIS ZUM HYPERSCHALL

Die JU 52 war alles andere als ein Flop, sie bildete das Rückgrat der Lufthansa: geräumig, gutmütig, zuverlässig und leicht zu fliegen.
Foto: Luftfahrtarchiv Gerhard Lang

opfern musste. Doch das war keinesfalls zwingend. Der Pilot zog im Falle eines Angriffs einen roten Hebel, der das Schleppseil am Gerät ausklinkte und das Rotorblatt aus seinem Lager freigab. Während der Rotor von der Achse nach oben schwirrte, zog er eine Reißleine mit nach oben, die am Fallschirm des Piloten befestigt war. Sowie sich die Kappe geöffnet hatte, löste der Pilot den Gurt, und das Gerät fiel ins Wasser. Das U-Boot konnte später wieder auftauchen und nach dem Piloten suchen. Bedauerlicherweise gab die Bachstelze auf dem Radar ein gutes Ziel ab, so dass man von dieser Art Luftbeobachtung im Atlantik schnell wieder absah. Denn alle Transporter fuhren mittlerweile in starken Konvois von Kriegsschiffen, die mit Radar ausgerüstet waren. Aber im Indischen Ozean und vor Madagaskar erzielte man mit der Bachstelze größere Erfolge.

Handley Page HP.75 Manx; Großbritannien 1943

Forschungsflugzeug ohne Heckleitwerk. Das Hauptfahrwerk war einziehbar, das Bugfahrwerk nicht. Die Maschine besaß zwei Schubpropeller am hinteren Ende der großen Tragflächen. Das Flugzeug ging nie in Serie, da es instabil war.

Kokusai Ki-105 Ohtori; Japan 1945

In den letzten Monaten des Zweiten Weltkriegs knappte Japan an Treibstoff. Daher wurden hastig neun Flugzeuge gebaut, die aus Sumatra Treibstoff holen sollten. Doch ein Land im Krieg aus der Luft mit Treibstoff zu versorgen, war kein taugliches Mittel, um diesen Krieg auch noch zu gewinnen. Es konnte schon deshalb nicht funktionieren, weil die Ki-105 80% des Treibstoffes, den sie herantransportierte, selbst für den Flug von Japan nach Sumatra und zurück benötigte. So wurde das Konzept denn auch wieder gestoppt.

Nakajima Ki-115 Tsurugi; Japan 1945

Die Ki-115 wurde von vorne herein als Selbstmordflugzeug gebaut. Kamikazepiloten stürzten sich damit auf die Schiffe der Amerikaner, versuchten die Kriegschiffe vorzugsweise unterhalb der Wasserlinie zu treffen. Im Bug des Flugzeugs waren der Motor, der Sprit für den Hinflug und eine 250, 500 oder 800 Kilo-Bombe untergebracht, ein Gemenge, das maximalen Erfolg garantieren sollte. Das Flugzeug wurde vorzugsweise aus nichtstrategischem Material wie Holz und Stahl gebaut. Aluminium war zu kostbar. Das Fahrwerk wurde so kons-

... UND FLOPS

truiert, dass es nach dem Start abgeworfen werden konnte, da man es ja nicht mehr benötigte. 104 Maschinen dieses Typs wurden gebaut, eine einzige ist erhalten, da sie nicht starten konnte. An freiwilligen Piloten mangelte es nicht. Mit dem Motto „Ein Mann – ein Schiff" bediente man den Heroismus der Japaner. Im letzten Kriegsjahr wurden mit den verschiedensten Flugzeugen insgesamt etwa 5.000 Kamikazepiloten gegen die Amerikaner geschickt. Insgesamt wurden 36 Schiffe versenkt, 368 zum Teil schwer beschädigt. Damit die Angreifer überhaupt eine Chance hatten durch den dichten Verteidigungsgürtel um die Zerstörer oder Flugzeugträger zu gelangen, wurden sie verpackt in ganze Geschwader von Jägern und Bombern, die das Feuer auf sich zogen und die amerikanischen Jäger in Luftkämpfe verwickelten. Außerdem wurden die Angriffe mit der kaiserlichen Marine koordiniert, so dass die Aufmerksamkeit geteilt war und die Kamikaze als die Hauptwaffe aus der Deckung heraus eine Chance hatten, sich auf die größten und wichtigsten Schiffe zu stürzen. In der Schlacht von Okinawa griffen 355 Kamikazepiloten unter dem Schutz von 341 Bombern die amerikanische Flotte an. Gleichzeitig wurde der Flottenverband vom Schlachtschiff Yamoto unter Feuer genommen. Das Resultat der Schlacht waren sechs versenkte und zehn schwer beschädigte amerikanische Schiffe.

FMA I.Ae.27 Pulqui; Argentinien 1947

Der erste Jet, der in Argentinien produziert wurde. Testpilot war **Edmundo Osvaldo Weiss**. Während dieser Jet mit 750 km/h im Unterschallbereich flog, wurde die Testversion des Nachfolgers mit über 1.000 km/h getestet. Dieser ging jedoch wegen des Umsturzes in Argentinien nicht in Serie.

Sikorsky Skycrane Helicopter CH-54B; USA 1948

Zehn Tonnen konnte der Hubschrauber tragen, der 1970 sukzessive von der *CH-47* ersetzt wurde. Heute wird er gerne von privaten Transportfirmen benutzt, besonders in der Holzindustrie. Die ungeheure Leistungsfähigkeit und das Voice Warning System, in dem Sikorsky eine freundliche Frauenstimme benutze, um den Piloten auf die Grenzen aufmerksam zu machen, veranlasste die Aviateure bisweilen, diese Grenzen auszutesten, nur um mal wieder die Stimme zu hören, die ihm zurief: „engine 1 limit, engine 2 limit, overtorque ..."

Wenn in diesem Kapitel von Flugzeugen die Rede ist, denen kein Glück beschieden war, so hat das viele verschiedene Gründe: schlechte Konstruktion, gute, aber technisch nicht umsetzbare Idee, Oder auch schlichtweg die richtige Idee zum falschen Zeitpunkt.
Die hier abgebildete Maschine bot aber genau die richtige Technik und Leistung.
„Der Krieg ist der Vater aller Dinge" sagt ein Sprichwort. Das trifft zumindest für dieses Flugzeug zu. Im Krieg trug sie unter der Bezeichnung C-47 Bomben, danach wurde sie zum Passagierflugzeug umgerüstet und weltweit verkauft. Diese DC-3 wurde von der Swissair geflogen.
Foto: Luftfahrtarchiv Gerhard Lang

VOM GLEITER BIS ZUM HYPERSCHALL

Fairchild Packplane. Das Konzept ist einfach und genial. Wie über einen Container wird das Flugzeug gerollt, es wird fest eingehakt und ist startbereit.
Foto: PD

Die Saro-Princess hätte ein großartiges Flugzeug werden können, allein die Regierung verlor die Geduld. Es ist bis heute nicht unüblich, das neuartige Flugzeuge Anfangsschwierigkeiten haben, die es eben zu überwinden gilt. Hier ist ein langer Atem gefragt.
Foto: PD

Fairchild XC-120 Packplane; USA 1950

In den späten Fünfzigerjahren testete die USAF acht verschiedene Transport-Flugzeuge, um Personal, Ausrüstung oder Ersatzteile schnell verfrachten zu können. Darunter war auch die *Fairchild CX-120*, deren gesamtes Frachtkompartment austauschbar war. Der Vorteil lag auf der Hand: Die Crew brauchte nicht zu warten, bis der Behälter entladen war. Landen, ausklinken, einen leeren Behälter darunter schieben, einklinken, Abflug. Und doch wurde von diesem Flugzeug nur ein Prototyp gebaut.

Saunders-Roe Saro Princess
Großbritannien 1952

Gleich nach dem Zweiten Weltkrieg begann der englische Flugzeugbauer Saunders-Roe mit dem Projekt, das größte Flugboot der Welt zu bauen. 220 Passagiere sollte es fassen. Um Platz zu sparen wurden acht von den zehn Triebwerken gekoppelt. Die Propeller waren gegenläufig. Dies verursachte jedoch Probleme, die einfach nicht in den Griff zu kriegen waren.

Endlich, 1952 war der Erstflug. Neue Probleme tauchten auf. Die British Overseas Airlines Corporation (BOAC) verlor damit die Geduld, die Regierung hatte mittlerweile gewechselt und stoppte das Projekt angesichts des „Millionengrabes". So wurden die Prototypen Nummer zwei und drei, in denen man vorhatte, die Fehler auszumerzen, nicht mehr fertig gestellt. 1967 wurde die letzte der drei Maschinen, die einstmals der Stolz der englischen Luftfahrtindustrie werden sollten, abgewrackt.

Tupolev Tu-91; Sowjetunion 1955

Nach dem Zweiten Weltkrieg gab Joseph Stalin ein Allzweckflugzeug in Auftrag, das der globalen Überlegenheit der Amerikaner entgegenhalten konnte. Die sowjetische Achillesferse war der fehlende ganzjährige eisfreie Zugang zu den Weltmeeren, sowie ein direkter Zugang zum Indischen Ozean. Das geforderte Flugzeug sollte als Bomber, als Torpedoträger, als Aufklärer, See Patrouille und Jäger dienen können.

Sukhoi zog sich vor der komplexen Aufgabe zurück, so war es *Tupolev*, der sich ohne den Druck der Konkurrenz an die Arbeit machen konnte. Die Konstrukteure entwickelten zwei Varianten, von denen eine gebaut wurde: Die TU-91. Wie in vielen Fällen war es ein typisch sowjetisches Produkt: Hässliches Design, aber solide Schmiedearbeit. Die Konstrukteure kümmerten sich wenig um das Aussehen des Flugzeuges. Es sollte das stärkste und beste sein, und in der Lage, die amerikanischen Seestreitkräfte zu vernichten. 18 mm gehärteter Stahl schützten die beiden Piloten vor Maschinengewehrfeuer.

Der Motor mit den beiden gegenläufigen Dreiblattpropellern brachte das Flugzeug auf 800 km/h. Zwei 23 mm Kanonenrohre hingen unter den Flügeln, ein drittes zielte nach hinten. Sechs 100-Kilo-Bomben, oder Tiefenladungen zur U-Boot-Bekämpfung oder drei Torpedos oder ein Sortiment an Minen waren unter den Tragflächen angebracht. Wahlweise konnten an Stelle der Bomben auch 120 Raketen untergehängt werden.

1955 wurde das Flugzeug der politischen Führung vorgeführt.

Mittlerweile war Stalin gestorben, Nikita Chruschtschow herrschte im Kreml. Dieser setzte mehr auf Interkontinentalraketen und strategische Atombomber als auf konventionelle Flugzeuge. So ging ein Flugzeug nicht in Serie, das eine ernsthafte Bedrohung für die amerikanischen Seestreitkräfte in einem konventionellen Krieg hätte werden können.

Convair XFY-1 Pogo; USA 1956

Die *Lockheed XFV-1*, genannt *Pogo*, war ein Senkrechtstarter im wahrsten Sinne des Wortes. Sie wurde so aufgestellt, dass die Flugzeugspitze nach oben zeigte. Auf einer kräftigen Allison YT40-A-14 Maschine saßen zwei gegenläufige Propeller. Der Deltaflügler mit der gewaltigen Schwanzflosse hatte auch eine ebenso große „Bauchflosse", die man allerdings für eine eventuelle Notlandung absprengen konnte. Nach 300 Tests, bei dem sie an einem Seil vom Hallendach hing, wurden die ersten Schwebeversuche durchgeführt, und bald darauf, am 2. November 1954, erfolgte der Erstflug mit einem Übergang von der Vertikalen Schwebe in den Horizontalflug und zurück in die Senkrechte zur Landung.

Zwei Jahre lang wurde die *Pogo* getestet, bis man von dem Konzept wieder abließ, da letztendlich sowohl das Triebwerk nicht stark genug war, als auch die Steuerung zu wünschen ließ.

... UND FLOPS

Vertol VZ-2 (Model 76); USA 1957

Dieses Vertol Flugzeug war nichts als Motoren und Getriebe. Die Propeller auf den verstellbaren Flügeln wurden durch Pleuelstangen angetrieben, der Motor saß im Rumpf. Am Heck waren für vertikale und horizontale Bewegungen gebläseähnliche Fanrotoren eingebaut. Von insgesamt 450 Flügen wurden 38 mit einem erfolgreichen Übergang vom vertikalen in den horizontalen Flug durchgeführt. Das Flugzeug bewies sich als erstaunlich wendig. Wegen seiner schlechten Windkanalergebnisse und seiner langsamen Reisegeschwindigkeit verfolgten die Konstrukteure jedoch bald andere Konzepte.

VEB Flugzeugwerke Dresden 152-V1; DDR 1958

Als in den 50er-Jahren das Düsenzeitalter begann, besann man sich auch in der DDR auf alte Flugzeugbau-Traditionen. In dem „Volkseigenen Betrieb" Dresden baute man schon die *Iljuschin 14* in Lizenz. Dann gab die SED voller weltpolitischem Ehrgeiz den Bau eines Düsenjets bekannt. Lange hatte man darüber geschwiegen. Doch im März 1958 stürzte die Maschine bei ihrem zweiten Flug nahe Leipzig ab. Obwohl bereits weitere 14 Maschinen im Bau waren, bedeutete dies das Ende der DDR Flugzeugindustrie. Alle bereits gefertigten Rümpfe wurden entweder zerschnitten oder vergraben oder über die Republik verteilt.

Ein weiteres Einzelstück, mit dem man Erfahrungen im senkrechten Starten und Landen sammeln wollte: die Vertol Vz-2.
NASA Dryden Aircraft Photo Collection

Das Super Gyroplane hätte es werden können, das Volksflugzeug für jede Garage. Kompakt und einfach zu fliegen. Aber man stelle sich vor, wenn die Nachbarjungs spät nachts noch mal ihre Höllenmaschinen aus der Garage holen, um noch ein paar Runden um den Block zu drehen ...
NASA Dryden Aircraft Photo Collection

McCullogh J-2 Aero Super Gyroplane; USA 1962

Von diesem einfachen Flugzeug findet man noch heute gelegentlich einige Exemplare, obwohl nur 85 Stück davon gebaut wurden. Es ist gutmütig zu fliegen, hat eine Reichweite von fast 500 Kilometer und ist 50 km/h schnell. 12 Meter Startstrecke reichen aus. Allerdings ist es fast unerträglich laut. Alle Versuche, den Lärm zu dämpfen, schlugen bisher fehl.

North American XB-70 Valkyrie; USA 1964

Eines der faszinierendsten Flugzeuge, das jemals gebaut wurde, war die *North American Valkyrie*. Auf der Höhe des Kalten Krieges kam die Forderung, einen Mach-3-fähigen Bomber zu bauen, der große Distanzen überwinden konnte, seine nukleare oder konventionelle Bombenlast abladen und wieder auf freundliches Territorium zurückfliegen konnte. Das Flugzeug sollte die *B-52* ersetzen. Das Resultat war die *XN-70* mit dem Beinamen „Walküre", ein Flugzeug, das nicht nur schön anzusehen war, sondern das sich auch gut fliegen ließ. Und doch, bei fast jedem Flug traten neue Problem auf, die es zu lösen galt. Es wurde ein zweites Flugzeug gebaut, in welchem man die Probleme mit der Hydraulik und den Triebwerken zu umgehen suchte. Das Programm hatte schon 1,3 Milliarden Dollar verschlungen, ohne dass sich ein Ende der Schwierigkeiten gezeigt hätte. Als dann schließlich während eines Formationsfluges der begleitende *Starfighter* in die Turbulenz des Deltaflüglers geriet, in dessen Folge die beiden Maschinen in der Luft zusammenstießen, war der Ritt der Walküre zu Ende. Das Flugzeug stürzte ab, die Entwicklung wurde gestopp.

Nord 500; Frankreich 1968

Die Forderung nach Kurzstarteigenschaften haben die Konstrukteure stets beflügelt. Senkrechtstarter hingegen teilten das Lager. Der Übergang vom Schwebeflug in den Horizontalflug war die kritische Phase, die es zu überwinden galt. Hier trennte sich die Spreu vom Weizen, sowohl beim Flugzeug als auch bei den Piloten. Aber es gab eine Notwendigkeit und es gab einen Markt. Und diesen wollte auch der französische Flugzeugbauer Nord bedienen.

Mit der *Nord 500* begann eine endlose Serie von Tests, die viel Geld verschlangen, mit denen aber niemand so richtig glücklich wurde. Zwei Prototypen wurden gebaut, der zweite machte auch einen zaghaften Flug, aber dem Projekt fehlte es bald an Enthusiasmus. Als Nord in der Firma Aerospatiale aufging, waren bald alle Pläne vom Tisch.

Die North American Valkyrie war ein gewaltiges Projekt, das unter Ausschluss der Öffentlichkeit entwickelt wurde.
NASA Dryden Aircraft Photo Collection

Experimentalflugzeuge

X-1

Fast mutet sie an, als wäre Jules Vernes der Designer. Ziel dieser Entwicklung war, den trans-sonischen Bereich zu testen und möglichst die Schallmauer zu durchbrechen. Dafür baute die Bell Aircraft Corporation 1945 die *Bell X-1* für die US Army Air Force und für die NACA (National Advisory Committee for Aeronautics), den Vorläufer der NASA. Neue Flügel wurden getestet, neue Geometrien, Pfeilungen, Steuerflächen, Cockpiteinrichtung. Die *X-1* wurde in mehreren Varianten gebaut und flog bis 1953.

X-2

Die *X-2* war bereits ein Riesenschritt nach vorne. Sie wurde 1954 gebaut, um Mach 3 zu erreichen und die Erhitzung von Trag- und Steuerflächen zu testen. Um mehr Treibstoff laden zu können, wurde sie ohne Fahrwerk gebaut. Sie wurde unter eine *B-50 Superfortress* gehängt und von dort luftgestartet. Für die Landung in der kalifornischen Wüste hatte sie Gleitkörper an der Rumpfunterseite.

Zwei Exemplare wurden von der *X-2* gebaut. Eine davon explodierte in der Luft, die andere geriet 1956 bei ihrem letzten Flug in einen unkontrollierbaren Flugzustand und crashte bei der Landung.

Ein schieres Kraftpaket, bei dem man auf alles Überflüssige verzichtet hat.
NASA Dryden Aircraft Photo Collection

Die X1-2 mit dem Charme eines Jules-Vernes-Design.
NASA Dryden Aircraft Photo Collection

VOM GLEITER BIS ZUM HYPERSCHALL

U-2

Am 1. Mai 1960 wurde der Amerikaner **Gary Powers** mit einem *U-2* Spionageflugzeug über der Sowjetunion abgeschossen. Um die Geschichte zu verharmlosen, wurde schnell eine *U-2* in die Farben der NASA umgespritzt und der NASA Direktor gab am 6. Mai eine Presseerklärung ab, dass die NASA Wetterflüge unter anderem in Europa durchführt und dass möglicherweise eines ihrer Flugzeuge vom Kurs abgekommen sein könnte. Zum Beweis präsentierte der NASA Direktor ein Foto, das am selben Tag erst aufgenommen war. Doch Nikita Chruschtschow konterte am folgenden Tag, dass Gary Powers den Abschuss überlebt hatte, dass er aufgegriffen worden sei und bereits gestanden habe. Außerdem hätte man am Wrack des Flugzeugs eindeutige Spionagegeräte gefunden.

Spionageflugzeug Lockheed U-2R
Foto: Luftfahrtarchiv Gerhard Lang

EXPERIMENTALFLUGZEUGE

Der X-3 Stiletto sieht aus, als hätte ihn Luigi Colani entworfen. Das Flugzeug war allerdings eine Enttäuschung.
NASA Dryden Aircraft Photo Collection

X-3 Stiletto

Dieses erste Flugzeug aus Titan wurde 1952 in Dienst gestellt, war aber im großen Ganzen eine Enttäuschung. Das Triebwerk vermochte nicht, den Jet in den Überschallbereich zu bringen, es sei denn im Sturzflug. Allerdings nutzte man die eingebauten Sensoren um Aussagen über die Längsstabilität von Überschallflugzeugen zu gewinnen. So profitierten spätere Entwicklungen doch noch von der *X-3*. Außerdem testete man an ihr die Festigkeit von Hochgeschwindigkeitsreifen. Nach insgesamt 51 Flügen landete die Maschine in einem Luftfahrtmuseum in Dayton, Ohio.

VOM GLEITER BIS ZUM HYPERSCHALL

EXPERIMENTALFLUGZEUGE

X-4

Die *X-4* Bantam wurde 1950 von der Firma Northrop ohne horizontale Heckflächen gebaut. Sie wurde benutzt um die Stabilität und Steuerbarkeit verschiedener Zukunftsmodelle zu testen. Nach nur zehn Flügen wurde sie zu einer weit zuverlässigeren, stabileren Nachfolgeversion weiterentwickelt, der *X-4-2*. Mit zwei Triebwerken ausgerüstet schaffte sie Geschwindigkeiten um die 1.000 km/h und Höhen bis zu 13.000 Metern. 1954 schloss man die Arbeit mit dieser Maschine ab.

In der Zeit nach dem Zweiten Weltkrieg herrschte Aufbruchstimmung bei der Weltmacht USA. Kein Projekt war zu kostspielig, um nicht in Richtung Überlegenheit zu forschen.
NASA Dryden Aircraft Photo Collection

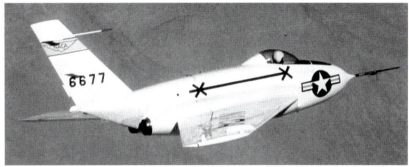

X-5

Die *X-5* war das erste Flugzeug mit variabler Flügelgeometrie. Sie wurde 1951 gebaut und flog bis 1955. Das Flugzeug war schwer zu fliegen und zeigte sich als sehr instabil. Von den beiden Schwenkflüglern stürzte einer aus diesem Grund ab. Aber die Erkenntnisse, die aus den 133 Flügen gewonnen wurden, konnten für die Entwicklung der *F-111* und der *F-14* umgesetzt werden. 1955 wurde die zweite Maschine stillgelegt.

Im Halbrund v. l. n. r.: X-31, F-15, SR-71, F-106, F-16XL, X-38. Innen links X-36, rechts ein ferngesteuertes Flugzeug.
NASA Dryden Aircraft Photo Collection

Die X-5 war der erste Schwenkflügler der Welt. Er brachte wertvolle Erkenntnisse über die variable Flügelgeometrie.
NASA Dryden Aircraft Photo Collection

Starfighter

Die F-104 der NASA. Von 1956 bis 1994 flogen elf dieser leistungsfähigen Flugzeuge als Arbeitspferde der NASA, um Geräte zu testen und als beschleunigungsstarke Begleitmaschinen für Experimentalflugzeuge. Der Starfighter war ein Flugzeug, dessen Rekorde sehr lange Bestand hatte. Am 8. Mai 1958 flog sie 2.600 Stundenkilometer schnell, und am 14. Dezember 1959 stellte sie mit über 31 Kilometern den Höhenweltrekord auf. Die Steigrate war 48.000 Fuß pro Minute.

Der Starfighter war damit das erste Flugzeug, das gleichzeitig die offiziellen Weltrekorde für Geschwindigkeit, Höhe und Steigrate hielt.

Während das Flugzeug bei der US Air Force selbst kein großer Erfolg war, beschafften immerhin 14 Nationen den Starfighter als Rückgrat ihrer Luftwaffen, da-

EXPERIMENTALFLUGZEUGE

runter Kanada, Deutschland, Italien, Norwegen, die Niederlande, Belgien, Dänemark, Griechenland, die Türkei, Spanien, Taiwan und Japan.

Das elegante Flugzeug hat eine Spannweite von gerade mal 7 Metern und 18 Quadratmetern Flügelfläche. Mit einem Stückpreis von 3 Millionen Dollar war die Maschine, verglichen mit den heutigen Hightech-Fliegern, direkt billig.

Der Starfighter in Deutschland

Die Beschaffung des Starfighters F-104G unter Verteidigungsminister Franz Josef Strauß war nicht unumstritten. Das Flugzeug war anfangs für europäische Wetterverhältnisse praktisch untauglich. Die amerikanische Elektronik versagte in der hiesigen Luftfeuchtigkeit häufig ihren Dienst. Wegen der kleinen Stummelflügel, die für den Überschallbereich geeignet waren, aber so gut wie keine Gleitflugeigenschaften aufwiesen, war die Landegeschwindigkeit mit ca. 300 km/h sehr hoch. Auch Reichweite und Beladung waren begrenzt.

Das Flugzeug verzieh auch keine Fehler. Von den insgesamt 916 Starfightern der deutschen Luftwaffe gingen knapp ein Drittel, nämlich 292 Maschinen, durch Unfälle verloren.

Erst in den späten Siebzigerjahren, nachdem fast die gesamte Elektronik mit deutschen Produkten ersetzt worden war, wurde das Flugzeug geradezu zuverlässig. Es war bei den Piloten sehr beliebt. Sie waren stolz auf ihre „bemannten Raketen".

Um kein Militärflugzeug der neueren Zeit ranken sich so viele Geschichten und Legenden, wie um den Starfighter.

Viele waren enttäuscht, als sie auf Tornado oder Phantom umschulen mussten, weil die heiß geliebte „Hundertvier" 1990 ausgemustert wurde. Aber mittlerweile haben sich die Einsatzkonzepte der Luftwaffe geändert. Der Starfighter und sein Pilot wären mit der jetzigen Rolle überfordert.

Foto: Stahlkocher

Über 50 Jahre alt, aber für viele ist der Starfighter noch immer das eleganteste Flugzeug der Welt.
NASA Dryden Aircraft Photo Collection

VOM GLEITER BIS ZUM HYPERSCHALL

Eine X-15 unter dem Flügel einer B-52 vor dem Auskuppeln.
NASA Dryden Aircraft Photo Collection

X-15

Während die Wright Brothers Anfang des letzten Jahrhunderts noch unbeholfene Hopser mit zerbrechlichen Sperrholzkonstruktionen vollführten, strebte der Mensch kaum 50 Jahre später bereits in den Hyperschallbereich am Rande zum Weltraum. Die *X-15* flog auf 118 Kilometern über der Erde und erreichte eine Höchstgeschwindigkeit von Mach 6.7. Mach 6 sind 1,6 Kilometer pro Sekunde! Im Juni 1959 flog die *North American X-15* zum ersten Mal. Drei Exemplare der *X-15* wurden gebaut.

Mit diesem Flugzeug wurden das Verhalten von Aerodynamik, Zellstruktur und Steuerung im Hyperschallbereich, sowie die Auswirkungen auf den Menschen getestet. Während in den dichteren Luftschichten im erdnahen Bereich das Flugzeug über Ruder und Steuerflächen geflogen wurde, benutzte man in den hohen, dünnen Luftschichten kleine Steuerraketen in der Flugzeugnase und in den Flächen, um die Maschine zu steuern.

Da es zu viel Sprit gekostet hätte, das Flugzeug am Boden zu starten, wurde es unter den Flügel einer achtstrahligen B-52 gehängt, auf 15 Kilometer Höhe gebracht und bei einer Geschwindigkeit von 800 km/h ausgeklinkt. Je nach Mission war die Brenndauer des Raketenantriebs zwischen 60 und 120 Sekunden. Dann war der Sprit verbraucht und das Flugzeug segelte mit 360 km/h zur Erde zurück, um dann meist in Edwards AFB zu landen.

Bei wenigstens einem der 199 Flüge brannte das Triebwerk nicht lang genug, und die Maschine landete auf einem ausgetrockneten See in Nevada. Schließlich brach das Fahrwerk, das Flugzeug kam in Rückenlage zum Stehen und begrub das Cockpit unter sich. Der Pilot überlebte mit wenigen Verletzungen. Ein anderes Mal fing das Triebwerk während des Fluges Feuer. Der Pilot stürzte sich auf den Rosamond Dry Lake hinab und landete die Maschine in einem waghalsigen Manöver. Da das Flugzeug aber noch voller Treibstoff war, hielt die Zelle dem Gewicht und den Kräften nicht stand und knickte in der Mitte ein. Drei Monate später flog das Flugzeug wieder.

Neil Armstrong, der später als Erster den Mond betreten sollte, war einer der *X-15* Piloten.

Astronauten und Jetpiloten

NASA Dryden Aircraft Photo Collection

Der Weg zum Astronauten der NASA führte über ein wissenschaftliches Studium auf dem Feld der Luftfahrt und die US Air Force. Nur wer in beiden Gebieten zu den Besten gehört, hat eine Chance bei der NASA unterzukommen.

Diese Piloten arbeiten dann an der Entwicklung der Flugzeuge mit und eignen sich dadurch ein ganz anderes Verständnis als die Piloten, die in ein fertiges Flugzeug gesetzt werden.

Neil Armstrong zum Beispiel, der hier neben einer X-15 steht, flog als Forschungs-, Entwicklungs- und Testpilot so unterschiedliche Typen wie F-100, F-101, F-104A, X-1B, X-5, F-105, F-106, B-47, KC-135. Er hatte die X-15 bereits auf Mach 5 geflogen und Höhen von 63 Kilometern erreicht, bevor er mit 2.450 Flugstunden in den engeren Kreis der Gemini-Astronauten und später in die Apollo-Mannschaft berufen wurde. Er war schließlich der erste Mensch, der am 20. Juli 1969 den Mond betrat.

Die Ryan X-13 wurde gebaut, um verschiedene Formen des Senkrechtstarters zu testen.
Foto: Luftfahrtarchiv Gerhard Lang

VOM GLEITER BIS ZUM HYPERSCHALL

von oben nach unten: X-24 A und X-24B. Mit ihnen testete man den Wiedereintritt in die Erdatmosphäre und die antriebslose Landung. Ungewöhnliche Konzepte testete man mit der X-29.   Fotos: NASA

X-24A

1970 entwickelte Martin den *X-24 „Lifting Body"*, um das Verhalten selbststabilisierender Flugkörper zu testen. Der Gleiter wurde von einer *B-52* auf Höhe gebracht und ausgeklinkt. 28 Flüge wurden damit gemacht, bis man die gewonnenen Erkenntnisse im Bau des Nachfolgemodells anwendete.

X-24B

Im Februar 1972 flog die *X-24B*, zuerst als antriebsloser Gleiter, später mit eigenem Raketenantrieb. Nur wenig erinnerte an das rundliche Kraft-Ei der *X-24A*. Vielmehr war sie nun unten herum flach wie ein Bügeleisen, während sie auf der Oberseite rund geformt war. Mit diesem Design testete man gerade mal 60 Jahre nach dem Wright Flyer die Form einer späteren Space Shuttle für die akkurat steuerbare, antriebslose Rückkehr aus dem All. Es gibt wohl nicht viele Forschungsgebiete, in denen eine derart rasante Entwicklung zu verzeichnen war, wie in der Luftfahrt.

X-29

Die beiden Testflugzeuge dienten dem Studium von neuartigen Flügelgeometrien und Strömungsabriss-Verhalten. Es wurde zum Beispiel festgestellt, dass diese nach vorne gerichteten Flügel den Luftstrom stärker zum Heck leiteten, als bei der gepfeilten Form der Flügel. Dies bewirkte, dass die Querruder besser angeströmt wurden und einen steileren Anstellwinkel der Flugzeuglängsachse bis 67° ermöglichten. Die 436 Testflüge, die das Flugzeug absolvierte, waren mehr als ein voller Erfolg. Die Designer, die Techniker, die Aerodynamiker und Piloten erhielten tiefe Einblicke in das Strömungsverhalten am Flugzeug.

X-43A

Bei diesem unbemannten Flugzeug sollte ein neuer Antrieb getestet werden, der *Scramjet*. Es gibt hier keine rotierenden Teile mehr, wie beim herkömmlichen Jettriebwerk. Hier wird vielmehr durch die Bauweise die einströmende Luft im Überschallbereich hoch verdichtet, mit Hydrogen Treibstoff vermischt und entzündet. Allerdings muss der Flugkörper vorher auf herkömmliche Weise beschleunigt werden. Die *X-43* war zu diesem Zweck auf die Spitze einer Pegasus-Rakete

EXPERIMENTALFLUGZEUGE

Das NASA-Mutterschiff B-52 im Flug. Mit ihm erspart man sich den treibstoffintensiven Start der Testmaschinen.

Die B-52 wurde als schwerer strategischer Langstreckenbomber gebaut. Sie hat eine Reichweite von 13.700 km und ist natürlich luft-betankbar und kann 31,5 Tonnen Bomben tragen.

18 Dezember 1972.
In Vietnam beginnt Operation Linebacker II. Tag für Tag und Nacht für Nacht werden alle taktischen und strategischen Ziele in Nordvietnam mit allem was Bomben tragen kann beharkt. Über 150 B-52 luden ihre Tonnenlast über Hanoi und Haiphong ab mit dem Ziel, Nordvietnam an den Verhandlungstisch zurückzubomben. 1.510 Einsätze wurden in den 11 Tagen geflogen. Das war mit dem zweiten Weltkrieg nicht zu vergleichen, da die B-52 ungleich mehr Bombenlast tragen können, als die Bomber 30 Jahre zuvor.

Aber auch in den beiden Golfkriegen hatten die B-52 Flotten eine wichtige Rolle zur Herstellung der Luftüberlegenheit.

*Oben: Die X-45A UCAV ging bisher noch nicht in Serie.
Unten: Ein weiterer Versuch, die Idee des Auto-gyros fortzuentwickeln.*

montiert. Dieses Gespann wurde von einer *B-52* auf 13 Kilometer Höhe gebracht und ausgeklinkt. Dann beschleunigte die Rakete die *X-43* und trug sie auf 33 Kilometer Höhe, bevor das Vehikel abgetrennt wurde und das interne Triebwerk des neuartigen Flugkörpers übernahm. Mit fast 10-facher Schallgeschwindigkeit schoss das unbemannte Fluggerät hoch über der Küste Kaliforniens dahin. Noch steht man erst am Anfang der Arbeit mit diesen neuen Antrieb. Die Ingenieure erwarten, dass man damit Mach 15 erreichen kann.

X-45A UCAV

Das „Unmanned Combat Aerial Vehicle" ist die logische Fortentwicklung von unbemannten Aufklärern, Gefechtsfelddrohnen, die ferngesteuert über feindlichem Gebiet Erkenntnisse sammelt. Die *X-45A* hat exzellente Stealth-Eigenschaften, allerdings nur eine begrenzte Tragfähigkeit an Waffen. Dieser Umstand wiederum soll durch Präzision ausgeglichen werden.

RSRA X-Wing

Ein äußerst ungewöhnliches Projekt der NASA war das Rotor Systems Research Aircraft. Erstflug 1986, zuerst ohne den Rotor. Ziel war ein Flugzeug zu bauen, das die Vorteile eines schnell fliegenden Jets hatte, ohne auf die Schwebeflug-Eigenschaften eines Hubschraubers zu verzichten. Das Programm wurde jedoch 1988 eingestellt.

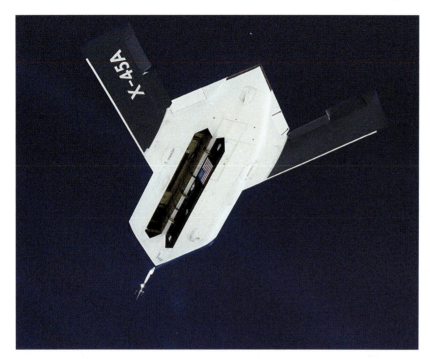

TU-144LL

1968 gewann die Sowjetunion das Rennen um die Fertigstellung des ersten Passagierüberschalljets. Wenige Monate vor der Concorde machte die „Concordski" ihren erfolgreichen Erstflug. Obwohl die Maschinen sich äußerlich ähneln, unterscheiden sie sich in der Bauweise doch ganz erheblich. Im Gegensatz zur französisch-britischen Gemeinschaftsproduktion war der russischen Maschine kein Erfolg beschieden. 1973 stürzte eine Maschine vor den Augen der Weltöffentlichkeit beim Pariser Aero-Salon aus nie ganz geklärter Ursache ab, 1978 brannte eine andere nach erfolgter Notlandung aus.

Da Boeing mithilfe der NASA schon seit geraumer Zeit und mit wechselnder Dringlichkeit an einem Überschallverkehrsflugzeug arbeitete, vereinbarten U.S. Vizepräsident Al Gore und der russische Ministerpräsident Victor Tschernomyrdin 1996 eine Zusammenarbeit. Die letzte Maschine der TU-144 Baureihe wurde der NASA zur Verfügung gestellt, die fortan als fliegendes Laboratorium zusammen mit den Russen auf Herz und Nieren getestet wurde. Zahlreiche Modifikationen und Sensoren wurden eingebaut. 1999 wurde die Testserie beendet.

EXPERIMENTALFLUGZEUGE

Die TU-144 und die Concorde weisen äußerlich zwar starke Ähnlichkeiten auf, sind aber in ihrer Technik sehr unterschiedlich.
Alle Fotos: NASA · Concorde (kleine Abb.): Luftfahrtarchiv Gerhard Lang

67

Jeana Yeager (nicht verwandt mit dem Test- und Rekordpiloten Charles Yeager) ist die erste Frau die rund um die Welt flog ohne nachzutanken.

Voyager

Dieses Flugzeug wurde aus superleichten Verbundstoffen gebaut.

Vom Amerikaner **Burt Rutan** entworfen, war vom ersten Tag an eines der wichtigsten Ziele, genügend Treibstoff mit an Bord nehmen zu können, um die 40.000 Kilometer einmal um die Erde zu schaffen. Das Startgewicht war demnach zwar zehnmal größer als das Leergewicht des Flugzeuges, jedoch hatte es wesentlich weniger Luftwiderstand als fast jedes andere motorgetriebene Flugzeug der Luftfahrtgeschichte.

Richard Rutan und **Jeana Yeager** flogen die Maschine auf ihrem Rekordflug.

Die beiden waren immerhin 9 Tage, 3 Minuten und 44 Sekunden unterwegs. Durchschnittsgeschwindigkeit war 185 km/h.

EXPERIMENTALFLUGZEUGE

Die YF-12 ist eine Vorläuferin der SR-71

YF-12

Die *YF-12* diente mehreren Zielen. Zum einen sollte Erfahrung für ein Überschallverkehrsflugzeug (SST) gesammelt werden, zum anderen wollte die USAF einen Überschalljäger, zum dritten wurde ein strategischer Aufklärer gebraucht. Drei Maschinen dieses Experimentalflugzeugs wurden gebaut: Mit der ersten wurden insgesamt 146 Flüge durchgeführt, bevor sie zur SR-71 umgebaut wurde, die zweite wanderte nach 68 Flugstunden ins Museum und die dritte wurde nach 90 Flugstunden bei einem Unfall zerstört. Da die Blackbird mit Mach 3.2 fliegen konnte war sie großer aerodynamischer Erhitzung ausgesetzt. Daher wurde das Flugzeug überwiegend aus Titan gefertigt, Flügelkanten und Steuerflächen mit einer Fiberglas-Asbest Verbindung laminiert. Erstflug war 1962 für die CIA, die letzte flog 1978.

EXPERIMENTALFLUGZEUGE

SR-71

Eigentlich sollte ein Kampfbomber mit der Arbeitsbezeichnung B-71 auf der Basis der Lockheed A-12 entwickelt werden. Doch noch am Reißbrett kam eine neue Forderung: Die USAF brauchte einen schnellen strategischen Höhenaufklärer als Ergänzung zu der U-2 Flotte, von der kurz zuvor über der Sowjetunion eine Maschine abgeschossen worden war. So teilte man das Design, entwickelte die *YF-12* zu Ende.

Während man den ersten Prototyp testete, arbeitete man auf der gleichen Basis an einem Höhenaufklärer weiter, behielt die fortlaufende Nummer 71 bei und bezeichnete das Ergebnis mit SR für Strategic Reconnaisance. Erstflug war im Dezember 1964, 30 Maschinen dieses Typs wurden auf die Beale AFB in Kalifornien ausgeliefert. Im Januar 1990 wurde das Flugzeug eingemottet, nachdem die Kosten dem kleiner werdenden Verteidigungsbudget davonliefen. Doch 1995 holte man 25 Maschinen wieder für ein paar Jahre aus der Wüste und flog mit ihnen Operationen. 1998 wurden sie wieder ausgemustert.

Während ihrer gesamten Lebensdauer ist die *SR-71* noch immer das schnellste und am höchsten fliegende Flugzeug seiner Klasse. Man konnte mit ihr aus 24 Kilometer Höhe gestochen scharfe Fotos von 250.000 km² Erdoberfläche pro Stunde machen. Am 28 Juli 1976 erflog sie den absoluten Geschwindigkeitsweltrekord in Ihrer Flugzeugklasse: 3.530 km/h. Gleichzeitig erreichte sie mit 26 Kilometern den absoluten Höhenweltrekord. Die NASA sicherte sich zwei Maschinen dieses Typs zum Testen von Hitzeentwicklung im Überschallbereich, Zellstruktur und Aerodynamik sowie zur Untersuchung des Überschallknalls. Von den 30 Maschinen waren drei mit zwei hintereinander angeordneten Cockpits als Trainer-Versionen gebaut worden. 1999 flogen auch die NASA-Versionen zum letzten Mal.

Die SR-71 ist ein zeitlos schönes Flugzeug. Schnittig, schnell, schwarz.
Foto NASA

Linear Aerospike SR Experiment (LASRE)
Auf dem Rücken dieser SR-71 befindet sich das Modell eines Raumgleiters, der X-33, dessen Aerodynamik unter Hyperschallbedingungen getestet wurden.
Foto NASA

VOM GLEITER BIS ZUM HYPERSCHALL

YF-22

Was hierzulande scheinbar nicht geht, funktioniert in den USA ohne Probleme. Der Bedarfsträger, in diesem Fall die USAF, macht eine Ausschreibung über ein zu entwickelndes Flugzeug. Es sollte diese und jene Fähigkeiten haben. In Aussicht gestellt wurde die Beschaffung von 350 Exemplaren. Nun wetteifern Northrop-McDonnell Douglas einerseits und Boeing-Lockheed andererseits um das beste Angebot. And the winner was ... Boeing-Lockheed, die schließlich die *F-22 Raptor* bauen durften.

YF-23 Black Widow

Die *YF-23* war im Wettstreit zwar unterlegen, war aber gegenüber der *F-15* ein großer Schritt nach vorne. Sie hatte Stealth-Eigenschaften, war also für Radar nur schwer erkennbar. 4 AIM-9 Sidewinder waren in den Lufteinlässen versteckt, 4 AIM-120 AMRAAM in verschließbaren Behältern unterhalb. Es wurden zwei Versionen der Black Widow gebaut und mit unterschiedlichen Triebwerken versehen.

Laut USAF fiel die Entscheidung zu Gunsten des Konkurrenten *YF-22* aus, weil die *F-22* angeblich leichter zu warten sei, mehr Potential für zukünftige Veränderungen am Flugzeug habe bei geringfügig kleinerem Preis. Hinter vorgehaltener Hand sagte man aber, dass der Air Force die einfachere Handhabung wichtiger war als die Stealth-Eigenschaften. Und über noch etwas war man sich einig: Die *YF-23* war mit Abstand das schönere Flugzeug!

Der Raptor und die Schwarze Witwe. – Sie trafen in direkter Konkurrenz an, der Raptor von Boeing und die Black Widow von Northrop. Den Schönheitspreis gewann Northrops YF-23 (Bild oben), den Preiskampf die YF-22, die mittlerweile in Serie gebaut wird.
Courtesy USDoD

EXPERIMENTALFLUGZEUGE

65.000 Solarzellen auf Rekordflug. Die Helios war eines der ungewöhnlichsten Testflugzeuge der Welt

Foto: NASA Dryden Aircraft Photo Collection

Helios

Helios war ein Solar-Flügler mit einer Spannweite von 82 Metern, 2 Meter mehr als der *Airbus A380* hat. Die gigantische Flugmaschine hat 65.000 Solarzellen auf der Oberseite der Flügel für den Tag und Treibstoffzellen im Flügel für die Nacht. Die Stromversorgung treibt 14 Propeller an, durch ein elektrolytisches Verfahren werden die Brennstoffzellen gespeist. Der Solar-Flügler hat es bereits auf 32 Kilometer Höhe gebracht, Weltrekord für propellergetriebene Flugzeuge. Für den Spottpreis von 15 Millionen Dollar ist er zu haben. Allerdings ist der Prototyp 2003 vor Hawaii ins Meer gestürzt, nachdem er in heftige Turbulenzen geraten war.

Gossamer Penguin

Noch ein Solar-Flugzeug. Nach mehreren zäh verlaufenen Versuchen aus dem *Gossamer Albatros* Programm speckte man trotz des hinzugefügten Sonnenkollektors das Gewicht des Flugzeugs auf 25 Kilogramm ab. Mit 21 Metern Flügelspannweite ist das Flugzeug allerdings alles andere als handlich. Auch als Alternative zum Fahrrad taugt es nicht, denn es verträgt keinen Seitenwind beim Start und keine Turbulenzen während des Fluges. Am günstigsten sind aus dieser Sicht die frühen Morgenstunden. Da allerdings steht die Sonne noch so niedrig, dass sie noch nicht genug Kraft hat, über die Speisung der Sonnenkollektoren den Motor zu betreiben. Auch Schattenwurf durch Gebäude würden die Stromversorgung unterbrechen. Man muss also in die Wüste gehen, um zu fliegen. Nach derzeitigem Stand der Technik ist der Gossamer Penguin also eher weniger für den Yuppie geeignet, der am Morgen wirkungsvoll mit dem Solar Bike vor die Bank vorfahren möchte, um seinen Chef zu beeindrucken.

X-35

Die *Lockheed Martin X-35* entstand aus dem Wunsch der US Navy, dem US Marine Corps und der Royal Navy einen Nachfolger für die betagte Harrier zu entwickeln. Er sollte wiederum STOVL Eigenschaften haben (Short Take-Off and Vertical Land). Man einigte sich auf einen „Fan" (Propeller) hinter dem Cockpit, den man bei Nichtgebrauch verschließen konnte. Bald wurde auch deutlich, dass man das Flugzeug auch mit einer herkömmlichen Version, der Conventional Take-Off and Landing (CTOL), dem Weltmarkt zum Kauf anbieten

VOM GLEITER BIS ZUM HYPERSCHALL

Der Gossamer Penguin

Einer der frühen Versuche, ein bemanntes Solarflugzeug zu bauen. 1979 flog es zum ersten Mal. Es war jedoch untermotorisiert und war deshalb auf den Bodeneffekt angewiesen. Es flog nie höher als vier Meter. Der Solargenerator musste stets auf die Sonne optimal ausgerichtet sein, damit er genügend Strom erzeugte, um den 600-Watt-Motor antreiben zu können.

Selbst der Konstrukteur, Paul McCready, dessen Tochter die Testflüge unternahm, sagte damals: „besonders praktisch ist er nicht!"
Foto NASA

könnte. Würde man den Vertical Lift Rotor durch einen Treibstofftank ersetzen, wären enorme Reichweiten zu erzielen. Produktionszahlen zwischen 5.000 und 8.000 Flugzeugen werden erwartet. Höchstgeschwindigkeit Mach 1.4, Dienstgipfelhöhe 15 Kilometer, Aktionsradius je nach Beladung um die 1.000 Kilometer.

Proteus

Proteus ist ein unverwechselbares, einmaliges Flugzeug. Es wurde für große Höhen zwischen 19 und 21 Kilometern gebaut, als Kommunikations-Relais oder als Plattform für atmosphärische oder geologische Forschung. Das Flugzeug wurde von Burt Rutan entworfen und kann entweder von zwei Piloten in einer Druckkabine gesteuert werden oder aber vom Boden mit ferngesteuerter Start und Landung und dazwischen mit halbautomatischem Flug nach einem programmierten Profil geflogen werden. Es kann eine 6 Meter lange Antenne tragen, die ein größeres Gebiet auf der Erde mit Breitband-Internet versorgen könnte. Proteus kann auch ausgerüstet werden, um Aufklärungsmissionen zu fliegen, aber auch um atmosphärische Forschung zu betreiben, kommerzielle Luftaufnahmen durchzuführen oder Satelliten beobachten zu können. Proteus ist

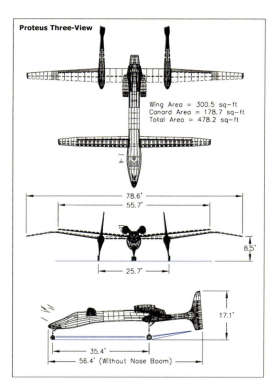

VOM GLEITER BIS ZUM HYPERSCHALL

Der Theseus ist eine fliegende Plattform für die unterschiedlichsten Aufgaben, von Himmelsmessungen bis Erdbeobachtungen
NASA Dryden Aircraft Photo Collection

extrem zuverlässig, preiswert im Betrieb und kann von jedem kleinen Flugplatz gestartet werden.

Erstflug war 1998. Seitdem funktioniert das Flugzeug reibungslos. Derzeit absolviert es ein Entwicklungsprogramm für TCAS (Traffic Alert and Collision Avoidance System) in den unterschiedlichsten Szenarien.

Theseus

Ein ferngesteuertes Flugzeug, das 1996 erstmals flog. Für 4,9 Millionen Dollar wurde das Flugzeug durch Aurora Flight Sciences Corporation, Manassas, Virginia, und seinen Partnern, der West Virginia University und dem Fairmont State College gebaut und der NASA zu Testzwecken zur Verfügung gestellt. Das zweimotorige unbemannte Flugzeug hat eine Spannweite von 45 Metern und ist natürlich aus leichtem Verbundwerkstoff geformt.

Die beiden 80-PS-starken Motoren treiben je einen Propeller mit 3 Metern Durchmesser an. Der Theseus startet und landet ferngesteuert, fliegt dann aber autonom, kann 350 Kilogramm an wissenschaftlichen Instrumenten auf 20 Kilometer Höhe transportieren und dort 24 Stunden verweilen, um zum Beispiel die Ozonschicht oder die Auswirkungen von zukünftigen Hochgeschwindigkeitsflugzeugen auf die Atmosphäre zu erforschen.

Auch der Proteus ist in erster Linie zu Forschungszwecken gebaut, kann aber bemannt oder unbemannt geflogen werden.
NASA Dryden Aircraft Photo Collection

Ultralights

Die Ultralights erfreuen sich größer Beliebtheit. Während wagemutige Flugpioniere mit diesen Leichtflugzeugen bereits um die Welt geflogen sind, versagt man ihnen in anderen Ländern noch die Zulassung
Foto: Paul Bass, Aerial Adventures, Wilby, Northampton

Wenige Fluggeräte kommen dem ursprünglichen Traum des Menschen vom Fliegen so nahe, wie die Ultralights und Microlights. Allein in der Luft, sich um drei Achsen drehen zu können, die Erde von oben anzuschauen, unabhängig zu sein, zumindest solange der Sprit im Tank reicht. Die Firmen entwickeln auf diesem Sektor stets neue Flugsportgeräte, Ultralights, Microlights, Trikes und Motorschirme. Individuelles Fliegen wird für fast jedermann zu erschwinglichen Preisen möglich gemacht. Der Nachteil ist das recht laute Geknatter des eigenen Motors. Aber – mit guten Kopfhörern kann man das Geräusch dämpfen.

Und zu den Klängen der Oboe aus Schuberts achter Symphonie im portablen Discman schwerelos durch die Alpen zu fliegen, ist mit Abstand der höchste Genuss, den sich der Mensch antun kann. Musik, das Gefühl des Fliegens, der Blick hinab aus der Höhe vereinigen sich zu einem Glücksrausch, der fast nicht mehr zu steigern ist.

ULTRALIGHTS

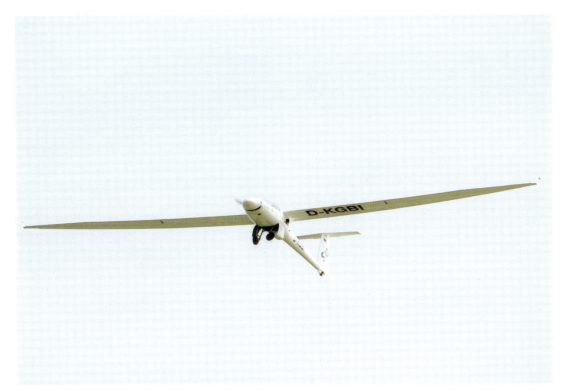

Auch Motorsegler gehören zu den Leichtflugzeugen. Mit ihnen ist man nicht mehr von einer Seilwinde oder von einem Schleppflugzeug abhängig, sondern kann wie mit einem normalen Flugzeug starten, die Thermik suchen und den Motor abstellen.
Foto: Thomas Machowina
Copyright: Messe Berlin - ILA 2004

Das Trike hat alles, was man an einem Flugzeug braucht: Die wichtigsten Instrumente, Funk und einen Transponder, damit man von der Flugsicherung auf dem Bildschirm gesehen wird.
Foto: Paul Bass, Aerial Adventures, Wilby, Northampton

Ecranoplane

Ecranoplan

Das Wort stammt aus dem Russischen und bedeutet übersetzt: Aerodynamisches Luftkissen-Fahrzeug.

Wirft man einen flachen Kieselstein mit Effet dicht über eine glatte Wasseroberfläche, wird man beobachten, wie er wie auf einem Luftkissen stabil über das Wasser dahinflitzt, bis er an Geschwindigkeit verliert, in immer kürzer werdenden Abständen aufsetzt, bis er schließlich auf Null gebremst wird und versinkt. Als Kinder haben wir dieses Spiel oft ausprobiert, wer kommt am weitesten, wessen Stein setzt am häufigsten auf. Wir haben uns dabei – meist unbewusst – den Bodeneffekt zu Nutze gemacht, dessen sich auch schon einige kühne Flugzeugentwickler bedient hatten. Der berühmteste unter ihnen: Rostislaw Jewgenewitsch Alexejew, ein russischer Konstrukteur, der zu Beginn der Sechziger Jahre an einer ganzen Serie von Ecranoplanen gearbeitet hat. Das Prinzip war nicht neu: Die gewaltige *Do-X* machte sich schon 30 Jahre zuvor den Bodeneffekt zur Treibstoff sparenden Überquerung des Atlantik zu Nutze. Erfreulicher Nebeneffekt war, dass das Flugzeug erstaunlich stabil auf dem dünnen Luftkissen wenige Meter über der Wasseroberfläche dahin glitt.

Alexejew nutzte diesen Effekt nun in großem Stil. Er plante ein gigantisches Monster zu bauen, mit 100 Meter Länge, einer Spannweite von nahezu 40 Metern, 10 Triebwerken, 500 Tonnen Startgewicht und einer Höchstgeschwindigkeit von 500 km/h. So experimentierte er zuerst mit kleineren Modellen, an denen er die Leistungsfähigkeit seines großen Ecranoplans testete.

1966 lief dann das *„Kaspische Monster"* vom Stapel. Es hatte ein gewaltiges Y-förmiges Leitwerk von der gleichen Spannweite wie die Flügel, an deren Ende Schwimmer angebracht waren. Die Unterseite des Rumpfes ähnelte dem Kiel eines Schiffes. Im Cockpit war Platz für drei Mann Besatzung, Pilot, Copilot und Bordingenieur.

Wie ein Ozeanriese musste das Monstrum von einem Schlepper aufs offene Wasser gebracht werden, wo es seine Triebwerke anließ. Den Bodeneffekt ausnutzend glitt das brüllende Ungetüm in fünf Metern Höhe über das Wasser. 30 Meter war die maximale Höhe. Der militärische Nutzen lag auf der Hand. Wegen des geringen Treibstoffverbrauchs war die Reichweite zwischen 1.500 und 3.000 Kilometer. In der geringen Höhe von fünf Metern konnte man feindliches Radar

Das „Kaspische Monster" in voller Fahrt. Die Fachwelt hat diese Bilder Herrn Helmut F. Walther zu verdanken, der jahrelang dieses Thema erforscht und erstmals darüber geschrieben hat.
Foto: H. F. Walther

unterfliegen. Und last but not least, konnte ein großer Ecranoplan bis zu 500 Personen transportieren!

Warum hat man kaum etwas von der Existenz dieser Ecranoplane gehört? Nun, das Programm war streng geheim, es wurden auch nur wenige Exemplare gebaut, die allesamt einen riesigen Berg von Geld verschlangen. Der *KM-1* fuhr 15 Jahre, wurde mehrfach optimiert, umgebaut um neue Konfigurationen zu testen. Schließlich fiel er einem Unfall zum Opfer.

Mittlerweile hatte Alexejew jedoch weitere, kleinere Varianten entwickelt, sowohl für militärische Zwecke, als auch für zivile Nutzung. Letztere wären natürlich auch als Truppentransporter verwendbar gewesen. 1974 begann die Flugerprobung des ersten von drei *A-90 Orljonok*. Der Rumpf ließ sich öffnen und gab den Weg für den Frachtraum frei, der auch großes Gerät aufnehmen konnte. Unter dem Rumpf war ein einziehbares Fahrwerk mit 10 Rädern, so dass das Ungetüm aus eigener Kraft anlanden und wieder zurück ins Wasser rollen konnte. Die Triebwerke waren im Bug untergebracht, mit zwei Lufteinlässen unterhalb des Cockpits. So erfolgreich sie auch waren, 1993 wurden sie wie ein Großteil der russischen Flotte schließlich eingelagert und werden möglicherweise nie wieder benutzt werden. Bereits 1970 hatte schon die Entwicklung eines Kampf-Ecranoplans begonnen. 1986 wurde auch dieses Ungeheuer zu Wasser gelassen: Mit 73,8 Metern Länge ist die Lun größer als alle Flugzeuge der Welt, mit Ausnahme der *AN-225*. Sie hatte eine martialische Bewaffnung mit sechs Schiff-Schiff-Raketen SS-N-22, für die ein aufwändiges Zielsystem entwickelt worden war, damit die Raketen auch bei einer Eigengeschwindigkeit von 500 km/h abgefeuert werden konnten.

Blick in die geheime Werkshalle, in der der Kampfecranoplan „Lun" gebaut wurde.
Foto: H. F. Walter

Doch noch während der Erprobungsfahrten brach die Sowjetunion zusammen. Und plötzlich stand auch das teure Ecranoplanprogramm auf dem Prüfstand. So wurde das Schwesterschiff der Lun in ein rein ziviles Projekt umgewandelt. Eine neue Aufgabe war bald gefunden: Der Ecranoplan sollte als Rettungsflugzeug für Katastropheneinsätze oder bei Schiffsunglücken dienen. Der durch die Demilitarisierung gewonnene Raum hätte einen Operationssaal aufnehmen können. Doch fehlen mittlerweile die Gelder für dieses teure Projekt. So teilt die zweite Lun, die unter dem Projektnamen Spasatel auf ihre Fertigstellung wartet, das Schicksal aller anderen Ecranoplane: Sie sind stumme Zeugen einer großartigen Technologie, die möglicherweise nicht wieder zum Einsatz kommen wird.

Der Kampfecranoplan „Lun"
Foto: H. F. Walther

Beeindruckend...

Man kann zum militärischen Verteidigungs- oder Kriegsapparat stehen wie man will; die Technik, die Eleganz, die Perfektion der Fluggeräte, zu der der Mensch es in kürzester Zeit gebracht hat, ist faszinierend. Das beginnt bei der Fähigkeiten der Flugzeuge, mit Mach 2 im Tiefflug dem Terrain zu folgen und geht über die Luftbetankung bis zur Unsichtbarkeit für feindliches Radar.

Im Uhrzeigersinn von links oben: Luftbetankung einer Lockheed Martin X-35 Joint-Strike-Fighter · Formation von fünf F-15 und einer YF-23 Black Widow · Ein B-2 Stealth-Bomber über dem Meer · Zwei F-16 Fighting Falcon nähren sich dem Tanker · Raytheon Aircraft Beech Starship bei seiner letzten Landung am Evergreen Aviation Museum in McMinnville · Eurofighter Typhoon beim Testflug

Fotos: US DoD (4), Evergreen Aviation Museum, McMinnville (1); EADS (1)

Die Jumbos der Lüfte
Flugzeugbau der Superlative

1972 ließ die Lufthansa als erste Luftverkehrsgesellschaft der Welt eine 747-200 zum Frachter umbauen und erhielt damit das damals größte serienmäßig gebaute Flugzeug der Zivilluftfahrt. – Heute sind diese Cargo Airlines nicht mehr von den Flughäfen wegzudenken

Die Jumbos der Lüfte

Howard Hughes

Howard Hughes war ein Abenteurer der Luftfahrt, er jagte Rekorde, er war ein Fanatiker, der unendlich viel Geld in seine Flugzeugprojekte steckte. Nicht umsonst betitelt Martin Scorsese seinen Film über das Leben dieses in vieler Hinsicht außerordentlichen Mannes mit „The Aviator".
Huhges war aber zudem Geschäftsmann und Filmkünstler. Im Rampenlicht der Öffentlichkeit stand er auch aufgrund seiner Beziehungen zu Schauspielerinnen wie Ava Gardner und Katherine Hepburn.

Und er war ein kranker Mann, der unter einem Sauberkeitswahn litt, er lebte in panischer Angst vor Viren und Bakterien in abgedunkelten Räumen. Er nahm pfundweise Pillen und hob seinen Urin in Wasserflaschen auf. Wenn er aus dem Penthouse eines Hotels auszog, musste es anschließend renoviert werden. Am Ende trug er Kleenex-Schachteln an Stelle von Schuhen. Er starb 1976, angeblich an Syphillis.

Foto: SV-Bilderdienst

Die historischen Riesenflugzeuge

Spruce Goose
Hughes Flying Boat H-4 (HK-1) Hercules

Howard Hughes war einer der reichsten Männer der Welt. Er hatte das Glück mit der Hughes Tool Company eine Gans zu besitzen, die goldene Eier legte. Das Geld, das er mit seinen verschleißresistenten Ölbohrköpfen verdiente, steckte er in seine mannigfaltigen Projekte, vom Fliegen, zum Flugzeugbau, zur Airline, zur biomedizinischen Forschung, zum Filmgeschäft, das ihm immerhin mehreren Oskar-Nominierungen brachte.

Er entwickelte für den CIA sogar ein Tiefsee-U-Boot, um ein vor Hawaii gesunkenes sowjetisches U-Boot zu bergen.

Er kaufte die Transcontinental & West Airline, machte die TWA daraus und führte sie fast 30 Jahre lang. Er kaufte die Air West und machte die Hughes Airwest daraus. Aus ihr entstand die Republic, die allerdings der Deregulierung zum Opfer fiel.

1937 flog er von Los Angeles nach New York City in 7 Stunden, 28 Minuten und 25 Sekunden. Rekord. Im darauf folgenden Jahr flog er in 91 Stunden um die Welt. Allerdings nicht entlang des Äquators, sondern ziemlich weit nördlich.

Sein interessantestes Vermächtnis aber entstand durch den U-Boot-Krieg 1942, mit dem die Deutsche Marine den Nachschub über den Atlantik unterbrach. Nachdem die USA gerade wieder mehrere Handelsschiffe verloren hatte, schlug ein Reeder namens **Henry Kaiser** vor, die Truppen mit großen Flugzeugen über den Atlantik zu transportieren. Die beiden gründeten die Hughes Kaiser Corporation und erhielten einen 18-Millionen-Dollar-Vertrag vom Staat, drei Flugzeuge zu entwickeln, mit denen man jeweils 750 Soldaten über den Atlantik fliegen kann. Es gab aber noch eine weitere Bedingung: Das Flugzeug musste aus Holz gebaut werden, da Metall zu kriegswichtig war.

Unter Zeitdruck wurde also ein Flugboot von einer Größe entwickelt, die man sich bis dahin noch nicht vorstellen konnte. Acht Motoren mit je 3.000 PS sollten den Giganten antreiben. Die „*Spruce Goose*" sollte lange Zeit das größte Flugzeug der Welt bleiben.

Hughes ließ eine neue Technik der Steuerkraftübertragung entwickeln. Bewegungen der Steuersäule wurden hundert- bis tausendfach verstärkt. Für die Holzverkleidung benutzte er eine Art von formbarem Sperrholz, das sich als leichter und stärker als Aluminium erwies.

Aber all die akribische Forschungsarbeit, die in das Projekt ging, hielt natürlich den Fortgang der Arbeit auf. 1944 stieg Henry Kaiser aus dem Projekt aus, weil ihm Hughes zu pedantisch wurde und die Pläne stets aufs Neue überarbeitete. Der ehrgeizige Milliardär investierte weitere Millionen von seinem eigenen Vermögen. Nach Kriegsende unterstellte man ihm in Washington, die Spruce Goose wäre ein Abschreibungsprojekt gewesen, ein vorsätzlich herbeigeführter Flop. Howard Hug-

hes wurde vor ein Senats-Hearing geladen. Mittlerweile hatte das Team des genialen Konstrukteurs das Flugboot am Trockendock von Long Beach zusammengebaut. Der Milliardär fuhr wütend nach Los Angeles zurück, befahl, dass man das Flugboot zum ersten Schwimmtest unter eigener Motorkraft fertig machen solle.

Am 2. November 1947 setzte er sich selbst ans Steuer. Die ersten beiden Tests verliefen erfolgreich. Beim dritten Anlauf setzte er die Klappen auf 15 Grad und hob den Riesenvogel aus dem Wasser. Eine Meile weit flog er, 30 Meter über dem Wasser, und bewies der Welt, dass seine Konstruktion funktionierte.

Doch es gab keinen Bedarf mehr für das Riesenschiff, also ließ es Hughes im Hafen von Los Angeles in dem eigens dafür gebauten Hangar liegen, befahl aber, dass es zu jederzeit startklar gemacht werden könne. Das kostete ihn eine Million Dollar pro Jahr. Als Hughes 1976 starb, ging die *Spruce Goose* an eine gemeinnützige Einrichtung und war fortan neben der Queen Mary von der Allgemeinheit zu besichtigen.

1990 wurde das Boot nach McMinnville, Oregon, transportiert und ist mittlerweile der Star des Evergreen Aviation Museums in einer eigens gebauten Ausstellungshalle.

Die Technologie der Dämpfer und Actuator, der Servomotoren, der tausendfach verstärkten Kräfte, sie wurde damals entwickelt. Seither hat man das natürlich verfeinert und verkleinert, aber so entstand ein ganz neuer Ansatz für den Bau großer Flugzeuge.

Howard Hughes war der lebende Beweis, dass Genie und Wahnsinn mitunter dicht beieinander liegen.
Foto: Evergreen Aviation Museum

DIE JUMBOS DER LÜFTE

Die Do-X war ihrer Zeit 50 Jahre voraus. Wie später der Jumbo, oder heute der A380 hatte sie drei Decks, eines für Fracht und Technik, eines für Passagiere und eines für Passagiere und Crew.

Do-X

Der Name **Dornier** ist untrennbar mit Rekorden und Pionierleistungen in der Luftfahrt verbunden. Im November 1930 startete die *Do-X* vom Bodensee zu einer Atlantikumrundung von Europa nach Afrika, Süd- und Nordamerika. Die Route führte den Rhein abwärts nach Amsterdam, auf dem Atlantik über Calshot, Bordeaux und La Coruña nach Lissabon, hinüber zu den Kanarischen Inseln, an der afrikanischen Küste entlang und über den Atlantik nach Südamerika. Ende Juni 1931 erreichte die *Do-X* Rio de Janeiro. Von dort flog sie nach New York, wo sie für einige Monate von Tausenden von Menschen bestaunt wurde. Im Mai 1932 flog sie nach Deutschland zurück und setzte in Berlin auf dem Müggelsee in einer Wolke von Gischt auf. Das Flugboot hatte eine Strecke von 43.500 km zurückgelegt.

Doch wenn Claude Dornier danach geglaubt haben sollte, der Aufsehen erregende Flug dieses fliegenden Riesenschiffes wäre der Durchbruch für die Serienproduktion, so war das ein Irrtum. Er blieb auf seinen drei Prototypen sitzen. Die Welt war noch nicht reif für ein Flugzeug, das für hundert Passagiere konzipiert war und den Luxus einer Zeppelingondel aufwies, bis hin zum Perserteppich auf dem Boden. Wie leistungsfähig die Maschine war, bewies der Konstrukteur, als er 1929 zu einem Testflug 170 Passagiere in das Flugzeug lud und zu einem Werkstattflug abhob. Solche Passagierzahlen wurden erst 40 Jahre später zur Normalität. Dornier übereignete die *Do-X* der Luft Hansa, doch auch diese hatte im Liniendienst keine Verwendung für das riesige Flugboot und überreichte es der Versuchsanstalt für Luftfahrt. Die beiden anderen *Do-X* gingen nach Italien zur Aeronautica Militare.

Die *Do-X* hatte drei Decks: Das Oberdeck mit Piloten-, Navigations-, Ingenieur-, Funk- und Hilfsmaschinenraum, das Hauptdeck für die Passagiere, das Gepäck und die Fracht und das Unterdeck mit den Kraftstofftanks und weiteren Aggregaten.

Transporter für gigantische Frachten

Antonov An-124-100

Einen Fehler, den der Westen zur Zeit des Kalten Krieges machte, war, die Leistungsfähigkeit der sowjetischen Flugzeugindustrie zu unterschätzen. Immerhin hatte diese Unterschätzung Tradition aus der Zeit der Weltkriege. Mit der *Antonov An-124* gelang den Russen ein Transportflugzeug, das auf kleinen Feldflugplätzen landen kann, das ungeheuer geräumig ist, das von vorne und hinten gleichzeitig beladen werden kann, das über eine vierteilige Laderampe bequem befahren werden kann, das genug lichte Höhe hat, um auch sehr sperrige Güter zu transportieren. Heute ist die Welt kaum noch vorstellbar ohne diese gewaltigen Lasttiere, die Rettungsgerät in Katastrophengebiete fliegen, Baumaschinen oder eine 24-Meter Yacht, Raupenschlepper und Panzer, Sattelschlepper und Liebherr Jumbo-Radkräne, Wasserturbinen und Flugzeugtriebwerke, Transformatoren und Lokomotiven, Flugzeugrümpfe und Hubschrauber, Satelliten und Raketen, ganze Zirkusse mit Zelt und Elefanten verlegen, aber auch UNO-Truppen mitsamt Gerät zu Friedenseinsätzen bringen. Die schwerste Last, die jemals auf dem Luftweg transportiert wurde, war ein 135 Tonnen schwerer Siemens-Stator. Jeweils fünf Radpaare, zusammen 20 Räder bilden das steuerbare Hauptfahrwerk, das auch einen Kniemechanismus hat, um die Maschine zum Be- und Entladen nach vorne abzusenken.

Die Maschine hat sogar zwei eingebaute Laufkräne mit je 40 Tonnen Tragkraft. Zwei on board APUs (Auxiliary Power Units) versorgen das Flugzeug am Boden mit dem nötigen Strom, um auch auf den miserabelst ausgerüsteten Flugplätzen schnell und effizient Fracht umschlagen zu können. 55 Maschinen dieses Typs wurden bisher gebaut, 28 davon gehören der russischen Armee. 20 Maschinen fliegen bei spezialisierten Luftfrachtunternehmen wie Antonov Airlines, Volga-Dnjepr, Poliot und Heavy Lift. 1982 wurde das Flugzeug erstmals vorgestellt. Bis 1988 war sie das größte Transportflugzeug der Welt, bis der Hersteller 1989 noch mal einen obendrauf setzte: Die noch größere, sechsstrahlige *Antonow AN-225*.

Auf dem Flughafen Hahn geben sich die Antonov Ruslan „die Klinke in die Hand". Hier sind die Landegebühren wesentlich geringer als in Frankfurt, es gibt kein Nachtstartverbot, und das ständig wachsende Frachtumschlagzentrum kann auch mehrere dieser Dickschiffe verkraften.

DIE JUMBOS DER LÜFTE

Antonov An-225 Mriya

Die *Mriya* wurde in erster Linie dafür gebaut, den russischen Raumgleiter auf seinem Rumpf zu tragen, ähnlich dem amerikanischen Jumbo, der die Space Shuttle nach der Landung in Edwards zur Launch Site nach Florida zurück bringt.

Die An-225 basiert auf der *An-124* mit einem um 15 Meter verlängertem Rumpf und größerer Spannweite. Auch das Fahrwerk wurde verstärkt: Zweimal sieben Radpaare bilden nun das Hauptfahrwerk. Von den insgesamt 32 Rädern, sind 20 steuerbar: Die vier Bugräder und die vier hinteren Radpaare des Hauptfahrwerkes auf jeder Seite. Denn sonst würde die *An-225* kaum einen Flughafen finden, auf dem sie die Rollwege benutzen könnte. Zwei dieser Giganten sollten gebaut werden, doch kurz vor Fertigstellung der zweiten Maschine brach die Sowjetunion zusammen, und mit ihr das ehrgeizige Space Shuttle Programm. Ob die zweite Maschine jemals fertig gebaut wird, ist nicht sicher. Federführend im Bau und Betrieb dieser Großraumflugzeuge ist das Antonov Design Bureau in der Ukrainischen Hauptstadt Kiew. Es kostete diese Firma 20 Millionen Dollar, um die An-225 umzurüsten und als normalen Transporter zu betreiben.

Um es einmal ganz klar auszudrücken: Ohne die *An-124* und die *An-225* könnten viele Projekte auf unserem Globus nicht so preisgünstig und schnell realisiert werden. Transporte müssten wieder per Schiff durchgeführt und zeitraubend mit Tiefladern an den Ort ihres Einsatzes gebracht werden. Entwicklungsprojekte etwa wären für alle größeren Transporte wieder auf Straßen angewiesen, die bei ungünstiger Witterung oftmals unpassierbar sind. Bauteile könnten nicht mehr zu Hause fertig gestellt und in einem Stück transportiert werden, sondern müssten in kleineren Größen verbracht und erst vor Ort zusammengebaut werden. Die gesamte Wirtschaft, so sie auf Schwertransporte angewiesen ist, würde darunter leiden.

Flughafen Hahn. Auch die Antonov 225 Mirya, der bis auf weiteres größte fliegende Frachter ist auf dem Airport im Hunsrück immer wieder zu sehen.

TRANSPORTER FÜR GIGANTISCHE FRACHTEN

Lockheed C-5 Galaxy

Als die achtzig *C-5 Galaxy* 1970 ausgeliefert wurde, deutete alles darauf hin, dass das Flugzeug ein Flop werden würde. Die Forderungen an die Entwickler waren:
- 100 t Zuladung
- interkontinentale Reichweite
- großer Frachtraum, von beiden Enden zugänglich
- maximale Startstrecke voll beladen von einer 8.000 Fußlangen Piste (etwa 2.400 m)
- Kurzlandefähigkeit auf 4.000 Fuß (1.200 m) halbbefestigter Piste

Schon während der Entwicklung hatte sich der Stückpreis von 16 auf 60 Millionen Dollar vervierfacht. Die geforderte Reichweite bei voller Beladung wurde nicht erreicht, die Tragflächen waren zu schwach ausgelegt. Dem Flugzeug wurden Flugbeschränkungen auferlegt, die seinen Einsatz in Frage stellten. Alle Tragflächen mussten komplett ausgetauscht werden. Erst mit der *C-5B* wurden 15 Jahre später die Konstruktionsmängel aufgefangen. Doch die *Galaxy* war für zwölf Jahre das größte Flugzeug der Welt. 28 Räder, davon vier am Bugfahrwerk halten den Bodendruck relativ gering.

Der Laderaum ist 37 m lang, 5,80 m breit und 4,10 m hoch. Mehrere Panzer, Hubschrauber oder Trucks passen in den Laderaum. Wahlweise können auch bis zu 270 Sitze auf Paletten im Frachtdeck montiert werden. Darüber befindet sich das Oberdeck mit Cockpit, Räumen für eine zweite Crew und ein komplett eingerichtetes Passagierabteil für 75 Soldaten. Mittlerweile ist die *Galaxy* bei der Truppe beliebt. Durch ihre Fähigkeit, schweres Gerät schnell an entlegene Einsatzorte transportieren zu können, wurde sie unverzichtbar.

Am 4. April 1975 startete eine *Galaxy* in Saigon auf einem Evakuierungsflug für Botschaftspersonal. Von den 328 Personen an Bord waren 150 verwaiste Kinder. In fast 10 Kilometer Höhe wurde ein Teil der hinteren Ladeklappe weggerissen, wer nicht angeschallt war, wurde vom Luftstrom herausgesaugt. Die Crew drehte um und versuchte in Saigon zu landen. Da aber Teile der Steuerung beschädigt waren, schlug die Maschine zwei Meilen vor der Piste auf und zerbrach in vier Teile. 155 Menschen starben bei dem Unglück, davon 98 Kinder. Als „Operation Babylift" ging der Crash in das Schwarzbuch der *Galaxy* ein, die sich sonst als sicheres Flugzeug erwiesen hatte.

Lange Zeit konnte man sich nichts Größeres vorstellen als die Lockheed C-5 Galaxy, hier beim Entladen eines Großraumhubschraubers.

Staaten und Hilfsgemeinschaften müssen in der Lage sein, in kurzer Zeit schweres Gerät in Katastrophengebiete fliegen zu können. Derzeit haben nur die USA und einige GUS Staaten diese Kapazitäten.

DIE JUMBOS DER LÜFTE

Airbus Beluga

Da Airbus bekanntlich ein europäisches Flugzeug ist, das in Frankreich, Deutschland, Spanien und Großbritannien hergestellt wird, müssen die einzelnen Bauteile nach der Fertigstellung am Ort der Endmontage zusammengeführt werden. Hier wird sie der Kunde schließlich abholen. Flugzeuge müssen Geld verdienen, das heißt der Fertigstellungstermin soll nicht durch langwierige Straßentransporte mit all ihren Unwägbarkeiten verzögert werden. Zu diesem Zweck baute man zuerst die *Super Guppy*. Als aber die Flugzeuge bei Airbus größer und größer wurden, brauchte man ein größeres Transportflugzeug. So wurde der *Airbus A300-600ST „Beluga"* geboren, das Flugzeug mit der größten Klappe der Welt.

Die Maschine, von denen nur fünf Stück produziert wurden, und dessen Frachttor anmutet wie das hochgeklappte Visier eines Motorradhelms, kann zwei komplette Tragflächen eines *Airbus A340* oder die komplette mittlere Rumpfsektion eines *A330/340* aufnehmen. Der *Beluga* fliegt in erster Linie für Airbus. Aber auch Satelliten werden transportiert, Raketenteile, chemische Tanks. Gelegentliche Anfragen der Bundeswehr, um zum Beispiel einen Großraumhubschrauber *CH-53* zu einem UN-Einsatz zu transportieren, wurden schon hier und da mal eingeschoben.

Freie Transport-Kapazitäten werden von Airbus auch an die Wirtschaft verkauft.
Foto: Airbus Industries

TRANSPORTER FÜR GIGANTISCHE FRACHTEN

Ein Flugzeug hält einen Global Player zusammen. Ohne die Beluga könnten wichtige Komponenten wie Rumpfteile der verschiedenen Airbusflugzeuge nicht wirtschaftlich und zeitgerecht transportiert werden. Auch auf amerikanischen Airshows wie Oshkosh wird er mit ungläubigem Staunen bewundert.
Photo courtesy of Experimental Aircraft Association

Wasserbomber

Die Firma Evergreen Aviation hat eine Methode gefunden, wie sie vier ihrer 30 Jahre alten *Boeing 747* nutzbringend vermarkten kann: Sie wurden zu Wasserbombern umgebaut und zur effektiven Waldbrandbekämpfung angeboten. Die *747* kann siebenmal so viel Löschmasse abwerfen, wie andere konventionelle Löschflugzeuge. Mit 90.000 Litern Tankinhalt wird auch eine höhere Lösch-Ökonomie erreicht, das heißt, die Nachhaltigkeit des Einsatzes kann vergrößert werden. Bei der Evergreen *747* wird der Tankinhalt mit hohem Druck durch vier dicke Rohre herausgepresst. Dies kann entweder im Tiefflug geschehen, was für ein massiv brennendes begrenztes Feuer meist besser ist, oder es kann in großen Höhen gesprayt werden. Damit wird dann die Luftfeuchtigkeit erhöht, Regen wird simuliert. Sind alle vier Flugzeuge im Einsatz, werden sie sich abwechseln. Eines löscht gerade, ein zweites ist auf dem Rückflug, ein drittes auf dem Hinflug und das vierte wird gerade betankt. Der Betankungsvorgang dauert etwa 25 Minuten. Im Unterschied dazu werden andere Wasserbomber, wie zum Beispiel die IL-76 ein anderes Einsatzprofil fliegen. Hier wird die hintere Ladeklappe geöffnet und 38.000 Liter Wasser fallen auf den Brandherd. Bei einer Flugvorführung auf dem kanadischen Flughafen Abbotsford warf eine kanadisches Löschflugzeug eine Wasserladung bei ungünstigem Wind am Flugplatzrand ab. Es war außerdem etwas zu ungenau, und etwas zu spät, 10 Tonnen Wasser landeten statt auf einem extra gelegten Buschfeuer auf dem Parkplatz des flugplatzeigenen Einkaufszentrums. 56 Autos waren zertrümmert, einem Passanten wurden die Knochen im Leib zerbrochen!

Noch Minuten nach Abwurf der schaumigen Löschmasse ist die Luft voller Schaumflocken, die eine Widerentzündung erschweren.
Foto: Evergreen International

30 Jahre alt und kein bisschen müde. Eine ganz neue Rolle fand Evergreen Aviation aus Oregon für seine alten Boeing 747-273. Noch sind Flugzeug und Verfahren in der Experimentierphase, aber die Erfolge sind umwerfend!
Foto: Evergreen International

kleine Bilder, von links nach rechts: September, 2002: Noginsk, Russia-Il-76 Wasserbomber beteiligen sich an einer Katastrophenübung, die die Nato und Russland gemeinsam abhielten.
Foto: Global Emergency Response Services from Russia

Wenn 90.000 Liter Wasser über einem Waldbrand abgelassen werden, hat dies ein Effekt wie ein dichter Regenschauer.
Foto: Evergreen International

Auch mit Dünger versetzte Löschmasse kann benutzt werden. Das beschleunigt die Wiederaufforstung eines verbrannten Waldgebietes. Foto: Evergreen International

DIE JUMBOS DER LÜFTE

Der Markt an Großraumfrachtflugzeugen ist in der zusammenwachsenden Welt noch lange nicht gesättigt.

Vom Jumbo zum Superjumbo

Boeing 747-400

70 Meter lang, 22 Meter hoch. Spannweite über 65 Meter. Für die *Boeing 747* wurden 75.000 Detailzeichnungen angefertigt. Die ursprünglich tausend Lämpchen, Uhren und Schalter auf den Instrumentenbrettern wurden im Laufe der Weiterentwicklung auf 365 reduziert. Die Stückliste besteht aus sechs Millionen Einzelteilen, die Hälfte davon sind Bolzen und Befestigungen. Eineinhalb Millionen Nieten halten das Flugzeug zusammen. Voll getankt und beladen wiegt sie 418 Tonnen. Die Tanks fassen 215.000 Liter Kerosin. 15.000 Stunden verbrachte der Prototyp im Windkanal bevor er testgeflogen wurde. Der Jumbo wird in 18 verschiedenen Versionen gebaut: Von der Nur-Passagier Version über die Kombi-Version Pax/Cargo bis zum *747-400 Freighter*. Es gibt die SP, das steht für Special Performance, und die ER für Extended Range, die Versionen 100 bis 400, die Domestic Version etc. Für jeden ausgebuchten Langstreckenflug werden fünfeinhalb Tonnen an Essen und Trinken mitgenommen. Zwischen 1969 und 2004 wurden 1.350 Maschinen gebaut. Fast zwei Milliarden Passagiere sind mit ihr geflogen!

Airbus A380

Obwohl die Großraumtechnologie nicht mehr neu ist, werden beim *A380* neue Wege gegangen. Aluminium wird durch Carbonfaser ersetzt, Nieten durch Laserschweißen, die Dicke der Außenhaut in nicht belasteten Teilen wird auf Millimeterstärke verdünnt, um Gewicht zu sparen. Gleichzeitig wird die Isolierung verbessert.

Die *A380* hat zwar offiziell zwei Passagierdecks, de facto ist er jedoch dreistöckig. Im Untergeschoss ist nicht nur Cargo und Gepäck, sondern hier können auch je nach Wunsch der Airline Toiletten untergebracht wer-

VOM JUMBO ZUM SUPERJUMBO

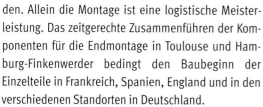

den. Allein die Montage ist eine logistische Meisterleistung. Das zeitgerechte Zusammenführen der Komponenten für die Endmontage in Toulouse und Hamburg-Finkenwerder bedingt den Baubeginn der Einzelteile in Frankreich, Spanien, England und in den verschiedenen Standorten in Deutschland.

Obwohl die Fertigung über halb Europa verteilt ist, und obwohl die Bauteile mit Trucks und Tiefladern, mit Barken, Schiffen und Spezialflugzeugen zur Montage gebracht werden müssen, kann der *A380* günstiger gebaut werden, als der Jumbo bei Boeing. Und obwohl die *A380* größer ist, als die *747-400* vom Konkurrenten, kann sie nach Werksinformation billiger fliegen. Mehr Meilen für den teuren Sprit, das ist die Zauberformel.

Natürlich werden bei neuen Flugzeugen auch wieder strengere Maßstäbe für den Umweltschutz angelegt. Die Triebwerke sind leiser und effizienter. Laut Airbus wird die *A380* beim Start nur halb soviel Lärm erzeugen wie ihr Konkurrenzmodell, aber 35 Prozent mehr Passagiere als dieses über Entfernungen wie etwa London-Singapur oder Los Angeles-Sydney tragen.

Da die *A380* mehr Passagiere über weitere Entfernungen befördern kann, wird sie zur Bewältigung der Probleme beitragen, die durch die zunehmende Überfüllung und Überlastung des Luftraums verursacht werden, bei gleicher oder geringerer Anzahl der Flugbewegungen.

Verglichen mit dem Straßenverkehr rechnet Airbus vor, dass die *A380* pro Passagier auf 100 Kilometer weniger als drei Liter Treibstoff verbrauchen wird, womit sie einen Vergleich mit einem modernen Kompaktwagen in Turbodiesel-Version nicht zu scheuen brauche.

Singapore Airlines wird die ersten Modelle des neuen A380 erhalten. Dieser Superjumbo übertrifft jedes andere Passagierflugzeug an Größe, Reichweite und Fassungsvermögen.

	Erstflug	Spannweite	Länge	Tragfläche in qm	MTOW	Triebwerke Anzahl x Schub
Spruce Goose	1947	97	66	1067		8 x 3000 PS
Boeing B-52 Stratofortress	1952	56	48	372	204	8 x 3,63 t
Convair YB-60	1952	63	53	487	186	8 x 3,63 t
North American XB-70A Valkyrie	1964	32	58	585	240	6 x 15 t
Antonov An-22 Antheus	1965	64	58	345	250	4 x 7 t
Boeing 747-100 Jumbo Jet	1968	59	70	511	385	4 x 23 t
Lockheed C-5A Galaxy	1968	67	75	576	349	4 x 23 t
Tupolev 160 Blackjack	1981	55	54	340	275	4 x 23 t
Antonov An-124-100 Ruslan	1984	73	69	628	404	4 x 23 t
Antonov An-225 Mriya	1988	88	83	956	590	6 x 23 t
Beluga	1994	45	56	260	155	2 x 27 t
Airbus A340-600	2002	63	75	439	368	4 x 25 t
Airbus A380	2005	80	73	845	590	4 x 35 t

Flughäfen –
Groß, größer, am größten!

Künstlich aufgeschüttet wurde der neue Flughafen Chek Lap Kok in der Bucht von Hongkong. Dies war überfällig, denn der alte Kai Tak Airport war so dicht an der Stadt, dass er als einer der gefährlichsten Flughäfen der Welt eingestuft wurde.
Foto: Cathay Pacific

Der Höchstgelegene

La Paz in Bolivien galt lange Zeit mit 4.060 Metern über N.N. als der höchstgelegene Flughafen der Welt. Doch erst mit der Öffnung Chinas wurde bekannt, dass es in Lhasa einen Flughafen namens Bangda gibt. Dieser wurde bereits 1978 gebaut, aus einer ganzen Reihe von Gründen wurde er jedoch nie benutzt. Wegen der dünnen Luft ist die Startbahnlänge mit 5.500 Meter berechnet, was dem Flughafen einen weiteren Rekord einbringt: Bangda liegt nicht nur auf 4.334 Metern Höhe, er hat auch die längste Piste der Welt auf einem kommerziellen Airport. Die extremen Witterungsverhältnisse im Hochland von Lhasa blieben jedoch nicht ohne Wirkung auf den Startbahnbelag. Wegen der Frostaufbrüche war der Flughafen bald nicht mehr benutzbar. Erst nachdem zwischen 1992 und 1994 die Bahn repariert wurde, konnte sie nun dem zivilen Luftverkehr übergeben werden. Mit besonders ausgerüsteten *Boeing 757* und *Airbus A319* nahmen Air China und China South West Airlines den regelmäßigen Betrieb auf.

Natürlich birgt ein solcher Flughafen ganz ungewohnte, medizinische Probleme: Hier fliegt man nicht einfach hin und steigt aus. In diesen Höhen tritt in kürzester Zeit eine Lungen- und Gehirnembolie auf, wenn man das nicht gewohnt ist oder sich entsprechend akklimatisiert hat.

Der Tiefstgelegene

Der tiefstgelegene internationale Flughafen ist Amsterdam mit fünf Metern unter dem Meeresspiegel. Er liegt wie ein großer Teil von Holland hinter dem Deich, hat eine interessante Anordnung von fünf Startbahnen, die fast kreisförmig um die Terminals angeordnet sind.

Der tiefstgelegene Airport der Welt ist ein kleiner Landeplatz im kalifornischen Death Valley. Dieser liegt ganze 64 Meter unter Meereshöhe.

Der militärische Charakter dieser Flughafengebäude von Bangda ist nicht zu übersehen, auch wenn der Flughafen überwiegend von zivilen Airlines benutzt wird.
Foto: Tony Williams, Victoria, Australien

Der Längste

Von Bangda abgesehen hat Edwards Air Force Base die mit Abstand längste Landebahn der Welt. Die Versuchs-Airbase von US Air Force und NASA liegt in einem trockenen See, dessen Boden topfeben ist. Die 5.000 Meter lange Piste aus Asphalt setzt sich fort in eine 3.000 Meter lange Auslaufstrecke.

Der Größte

Flughäfen werden vor allem in Passagierdurchsatz oder in Flugbewegungen gemessen. Mit fast einer Million Flugbewegungen ist Chicago O'Hare der verkehrsreichste Airport der Welt. Frankfurt hat gerade mal halb so viel Verkehr. Flächenmäßig der größte Flughafen der Welt ist derzeit der neue Flughafen von Hong Kong, der auf einer eigens aufgeschütteten Insel liegt. China baut überhaupt seinen Luftverkehr aus. Pünktlich zur Olympiade 2008 will das Land den größten Flughafen der Welt in Betrieb nehmen: Beijing.

Das wiederum dürfte die Verantwortlichen in Dubai nicht ruhen lassen. Auch in Las Vegas ist ein neuer Mega-Airport im Bau.

Airport	Flugbewegungen
1 CHICAGO, IL (ORD)	909.535
2 ATLANTA, GA (ATL)	890.320
3 Dallas/FT Worth Airport, TX (DFW)	783.546
4 LOS ANGELES, CA (LAX)	738.114
5 PHOENIX, AZ (PHX)	560.827
6 PARIS, FR (CDG)	522.557
7 DETROIT, MI (DTW)	522.132
8 MINNEAPOLIS/ST PAUL, MN (MSP)	499.939
9 LAS VEGAS, NV (LAS)	493.722
10 DENVER, CO (DEN)	484.479
... ...	
17 FRANKFURT, DE (FRA)	477.552

Airport	Passagiere
1 ATLANTA, GA (ATL)	80.171.000
2 CHICAGO, IL (ORD)	72.135.887
3 LONDON, GB (LHR)	64.607.154
4 TOKYO, JP (HND)	56.042.688
5 LOS ANGELES, CA (LAX)	68.477.541
6 Dallas/FT Worth Airport, TX (DFW)	60.687.129
7 FRANKFURT, DE (FRA)	51.010.620
8 PARIS, FR (CDG)	48.240.137
9 AMSTERDAM, NL (AMS)	39.604.583
10 DENVER, CO (DEN)	38.748.781

Hongkongs Terminal Vorfahrt, modern, formschön, weltoffen: das neue China.
Foto: Cathay Pacific

Desert Bone Yard

Ein Flugzeugfriedhof in der Wüste von Arizona

„Aerospace Maintenance And Regeneration Center (AMARC)"

Wohin mit Flugzeugen, die zwar noch fliegen, die aber derzeit einfach nicht mehr gebraucht werden? Die Frage stellt sich für zivile Maschinen, wenn eine Airline Überkapazitäten hat, deren Wartung trotzdem Geld kostet, wie auch für militärische, weil ganze Flugzeuggeschwader stillgelegt werden. In der Wüste von Arizona ist die Luft so trocken, dass die Flugzeuge nicht unnötiger Korrosion ausgesetzt werden. Derzeit befinden sich 4.500 Flugzeuge auf diesem Friedhof. Der Name wird der Aktivitäten allerdings nicht gerecht, denn viele Maschinen sind ja nur eingemottet. Man unterteilt die Flugzeuge in vier Kategorien:

- Typ 1000 bedeutet „langfristige Einlagerung". Alle Flüssigkeiten werden entfernt, die Oberflächen werden versiegelt.
- Typ 2000 bedeutet „mittelfristige Einlagerung". Hier wird jedes Teil registriert, verschiedene Komponenten werden ausgebaut und dem aktiven Flugzeugkreislauf zugeführt.
- Typ 3000 bedeutet „kurzfristige Lagerung". Das Flugzeug wird bald wieder benötigt und wartet auf einen neuen Besitzer. Es wird flugfähig gehalten.
- Typ 4000 bedeutet, dass die USA dieses Flugzeug entweder ihren Alliierten verkaufen, an Museen verschenken oder verschrotten.

Abrüstung

Nach den Abrüstungsverhandlungen START haben sich die Parteien dazu verpflichtet, die Zahl ihrer strategischen Bomber zu reduzieren. Sie werden auf den Desert Bone Yard gebracht, dort mit einer riesigen Guillotine in vier Teile zerhackt und bleiben 90 Tage dort liegen, damit die Zerstörung per Satellit verifiziert werden kann. Es gibt mindestens sechs solche Flugzeugverwertungszentren in den USA.

Großes Foto: Andreas Späth · Kleine Fotos: AMARC

Oshkosh und andere Airshows

Einmal im Leben nach Oshkosh zu fahren, ist der Traum eines jeden Flugzeugfans. Seit über 50 Jahren gibt es diese jährliche Zusammenkunft von Flugzeugenthusiasten im amerikanischen Wisconsin. Jahr für Jahr werden 10.000 Flugzeuge und 750.000 Besucher zu dem Event erwartet.
Foto: Courtesy of Experimental Aircraft Association

OSHKOSH UND ANDERE AIRSHOWS

Ein Höhepunkt einer jeden Airshow sind die Flugvorführungen der Oldtimer
Foto: Courtesy of Experimental Aircraft Association

Der Beluga ist auch auf der Internationalen Luftfahrtausstellung in Berlin eine Attraktion
Foto: Messe Berlin – ILA 2004

Airshows haben die Menschen schon von jeher begeistert. Das war vor hundert Jahren, als auf dem Pariser Marsfeld Ballons aufgestiegen sind und waghalsige Ballonfahrer ihr Leben riskierten nicht anders, als wenn die amerikanischen Blue Angels, oder die Thunderbirds, oder die britischen Red Arrows oder die italienischen Frecce Tricolori, die Schweizer Patrouille Suisse oder die französische Patrouille de France ihre Schrauben, Loopings und Rollen fliegen. Die Menschen halten den Atem an, wenn die Maschinen über ihre Köpfe hinwegdonnern, scheinbar um Haaresbreite aneinander vorbei. Das Herz schlägt bis in den Hals, wenn der Lärm von acht Phantoms, 16 Triebwerken in wenigen Metern über die Landebahn donnern, einer davon vielleicht im Rückenflug den andern entgegenkommt.

Zu Hunderttausenden kommen die Besucher, die Flugbegeisterten, die den Nervenkitzel erleben wollen, wenn Piloten ihr Leben riskieren. Jeder hofft, dass nichts passiert. Jeder weiß, dass die Gefahr mitfliegt. Der Zuschauer will die Sensation, will in der ersten Reihe stehen, denn eigentlich passiert ja nichts. Oder selten. Wie in Farnborough, wo zwei tschechische *MiG-29* zusammenstießen. Oder in Le Bourget, wo die *Tupolev 144* am Boden zerschellte. Oder in Lvov, wo eine *Su-27* nach Bodenberührung in die Zuschauer raste, die sich über die Absperrung hinweggesetzt hatten und bis zur Landebahn vorgedrungen waren, um ganz nahe am Geschehen zu sein. 83 Menschen sterben, 199 werden verletzt. Oder in Ramstein, der bislang spektakulärsten Katastrophe, wo am 28.8.88 zwei Maschinen der Frecce Tricolori von einer dritten aus dem Himmel geholt wurden, wo brennende Flugzeugtrümmer in die Zuschauermenge stürzten. 31 Menschen starben sofort, fliehende Menschen rannten in rasiermesserscharfen S-Draht-Rollen. Die Rettungskräfte blieben in hunderttausend Menschen auf panischer Flucht stecken und in kürzester Zeit waren alle Krankenhäuser mit Verbrennungsbetten überlastet. Von den 388 Verletzten starben später noch 36.

Und doch zieht es die Menschen wieder zu den Flugschauen. Die Wahrscheinlichkeit spricht dagegen, dass ihnen etwas passiert. Was bleibt ist der Nervenkitzel, der Kerosingeruch, der uralte Traum des Menschen vom Fliegen.

So unterhält fast jeder Staat der Welt eine Kunstflugstaffel, mit der er sich präsentiert, mit deren Leistungen die Luftwaffen der Welt ihre Bürger versuchen zu überzeugen, dass der Wehretat gut angelegt ist. Kaum eine Air Base in den USA, die nicht einmal im Jahr „die Sau rausläßt" und ihre Besucher damit begeistert. Fast jeder Staat, mit Ausnahme von Deutschland. Am 17.7.1962 verlor die deutsche Luftwaffe beim Training ihre gesamte Kunstflugstaffel von vier Starfightern bei einem Unfall, noch vor der offiziellen Einführung des Starfighters.

Hier ist eine Auflistung der tragischsten Airshow-Unfälle:

- 10.11.2002 – Columbia, South Carolina: Eine alte *Corsair 1945* stürzte ab, nachdem sie sich auf dem Rückflug von der Airshow befand. Der Pilot fand den Tod.
- 4.11.2002 – San Isidro Air Force Base, Dominikanische Republik. Caribbean Air Show: Eine alte *F-86E Sabre* stürzte kurz nach dem Start ab. Der Pilot fand den Tod.
- 06.10.2002 – Midland International Airport, Texas, FINA CAF Airshow:
  Eine *SM 1019* Turboprop der italienischen Armee aus 1969 hatte Triebwerkausfall und crashlandete auf einem Highway in der Nähe des Flughafens. Beide Piloten wurden verletzt.

- 27.07.2002 – Lvov, Ukraine. Kurz vor dem Start entschieden sich die beiden Piloten wegen eines technischen Defekts noch schnell für eine andere Maschine. Diese war aber voll getankt und zu schwer für die Manöver in geringer Höhe. Die *Sukhoi Su-27* bekam Bodenberührung, überschlug sich in die Zuschauermenge und explodierte. Beide Piloten retteten sich mit dem Schleudersitz und blieben unverletzt. 83 Menschen starben, darunter 19 Kinder, 115 wurden zum Teil schwer verletzt.
- 6.6.1999 – Bratislava, Slovakia: Eine British Aerospace *Hawk 200* stürzte während ihrer Vorführung ab. Der Pilot und ein Zuschauer starben.
- 26.7.1997 – Ostende, Belgien: Ein Kleinflugzeug stürzte während einer Kunstflugvorführung in die Menge und schlug in der Nähe eines Rot-Kreuz-Zeltes auf. Neun Menschen starben, 57 wurden verletzt.
- 9.5.1993 – Nischni Tagil, Russland: Eine *YAK-52* stürzte während den Feierlichkeiten anlässlich des 48ten Jahrestags des Kriegsendes ab. 18 Menschen starben, 20 wurden verletzt.
- 22.10.1989 – Guayaquil, Ecuador: Ein *Jaguar* Kampfbomber stürzte während einer Vorführung in ein Wohngebiet. Zehn Menschen starben, neun wurden verletzt.
- 28.8.1988 – Ramstein, Deutschland: Drei Maschinen der Frecce Tricolori stießen in der Luft zusammen. Eine davon stürzte in die Zuschauermenge. 83 Menschen starben, 199 wurden verletzt.
- 26.6.1988 – Mulhouse-Habsheim: Ein neuer *Airbus A320* schlug während einer Tiefflugvorführung im Rahmen einer Airshow in den Wald. Von den 136 Personen an Bord kommen drei ums Leben, 133 überleben den Unfall.
- 23.5.1983 – Frankfurt/Main, Deutschland: Während einer Airshow stürzte ein kanadisches Kampfflugzeug auf die Autobahn. Ein Fahrzeug wurde getroffen. Alle sechs Passagiere des Wagens starben, der Pilot konnte sich mit dem Schleudersitz retten.
- 11.9.1982 – Mannheim, Deutschland: Während der „Mannheimer Internationalen Luftschiffertage" stürzte ein amerikanischer Hubschrauber vom Typ *Chinook CH 47* mit 40 Fallschirmspringern aus England, Frankreich und Deutschland auf die Autobahn Mannheim – Heidelberg.

Die Patrouille Suisse fliegt einen Looping vor den Besuchern der ILA 2004 in Berlin.
Foto: Messe Berlin – ILA 2004

Alle 46 Menschen an Bord fanden den Tod.
- 5.9.1982 – Bad Dürkheim, Deutschland: Während einer Airshow stürzte ein amerikanischer Doppeldecker ab. Fünf Zuschauer kamen ums Leben, der Pilot wurde schwer verletzt.
- 3.6.1973 – Paris, Frankreich: Der Prototyp der russischen *Tupolev Tu-144* explodierte in der Luft während der Paris Air Show und stürzte auf ein kleines Dorf. Die 6-köpfige Crew und 9 Menschen am Boden kamen ums Leben.
- 24.9.1972 – Sacramento, California: Der Pilot eines Jagdflugzeugs verlor die Kontrolle gleich nach dem Start und stürzte in eine Eisdiele. 20 Menschen starben, davon 10 Kinder. Der Pilot konnte sich retten.
- 19.6.1965 – Paris Le Bourget, Frankreich: Während dem internationalen Aero Salon stürzte eine italienische *Fiat G-91* auf einen Parkplatz. Neun Menschen starben, 12 wurden verletzt, 50 Autos wurden zertrümmert.
- 6.9.1952 – Farnborough, England: Ein britischer Jet explodierte in der Luft und stürzte auf die Zuschauer. Mindestens 65 Menschen starben.

Mittlerweile werden alle Airshows strengen Auflagen unterzogen. Die wichtigsten sind:
- kein Überfliegen der Zuschauer mehr
- keine Flugmanöver auf die Zuschauer zu
- alle Kurven müssen von den Zuschauer hinwegführen

OSHKOSH UND ANDERE AIRSHOWS

Die Patrouille de France mit acht Alphajets fliegt in enger Formation. ILA 2004

Hier ist eine Auflistung – ohne Anspruch auf Vollständigkeit – von berühmten Airshows weltweit. Allein in den USA werden jährlich 500 Airshows abgehalten, von denen auch die kleineren hierzulande zu den ganz großen zählen würden.

Auf der Website http://www.deltaweb.co.uk/asgcal erfährt man, wann, wo, in welchem Monat in welchem Teil der Welt welche Airshow stattfindet.

- Air and Sea Show („Salut an das amerikanische Militär") Fort Lauderdale, Florida, USA. Gesponsert von McDonald's.
- Airbourne – Britische Airshow in Eastbourne, East Sussex.
- Air-Britain Classic Fly-In – Jährliche Flugshow in North Weald, Essex.
- Armed Forces Day in Comox, West Kanada
- California International Air Show, Salinas, California, USA.
- Canadian International Air Show Toronto, Ontario.
- Dayton Air Show Dayton, Ohio.
- EAA Oshkosh AirVenture – In Oshkosh, Wisconsin, findet Jahr für Jahr die größte Airshow der Welt statt. 250.000 Zuschauer und 6.000 teilnehmende Flugzeuge sind fast die Regel.
- Farnborough International Airshow. Eine der wichtigsten Luftfahrtausstellungen der Welt, mit einer aufwändigen Airshow.
- Flugtag Neuburg/Donau
- Flugschau Zeltweg in Österreich
- Internationale Luftfahrtausstellung in Berlin
- La Comina di Pordenone in Italien.
- Moscow International Aerospace Show in Zhukovsky, Russland.
- Paris Airshow, Paris Le Bourget (in jedem zweiten Jahr)
- Rivolto in Italien
- Royal International Air Tatoo, Weltgrößte militärische Airshow, bei der RAF Fairford, Gloucestershire, UK.
- Seoul Air Show, Seoul, Korea.
- Sion, Schweiz. Die besten Kunstflugstaffeln Europas kommen regelmäßig hierher. Patrulla Aquilla, Patrouille Suisse, Patrouille de France, Frecce Tricolori, PC 7 Team und Royal Jordanian Falcons wechseln sich ab. *F-18*, *Tornados*, *F-16*, *Hawk*, *Mig 21* und viele mehr sind in der neutralen Schweiz zu sehen.

OSHKOSH UND ANDERE AIRSHOWS

Die größte Airshow der Welt. Viele der 250.000 Zuschauer kommen mit dem eigenen Flugzeug, eine Herausforderung für die Flugsicherung und die Organisatoren.
Foto: Courtesy of Experimental Aircraft Association

Ereignisse, die nicht vergessen werden sollten ...

Die westlichen Siegermächte sorgten dafür, dass Berlin eine freie Stadt blieb. Auf dem Berliner Flugplatz Tempelhof wird Kohle von den Flugzeugen auf Eisenbahnwaggons verladen. Auf dem Vorfeld steht eine amerikanische C-54
Foto: SV-Bilderdienst

EREIGNISSE, DIE NICHT VERGESSEN WERDEN SOLLTEN

Luftfahrt-Großtaten

Die Berliner Luftbrücke

Ein Auto wird in ein amerikanisches Flugzeug vom Typ C 82 „Fliegender Güterwagen" geladen.

Kleines Bild: Eine amerikanische C-54 (oben) „Skymaster" im Berliner Volksmund auch „Rosinenbomber" genannt und eine britische Avro 685 „York" im Landeanflug auf Berlin.
Fotos: SV-Bilderdienst

Deutschland war nach dem Krieg in vier Besatzungszonen aufgeteilt, den britischen Sektor, den französischen, amerikanischen und den sowjetischen Sektor. Im Westen Deutschlands und in West-Berlin wurde am 20. Juni 1948 die Währungsreform vollzogen. Daraufhin sperrten sowjetische Truppen alle Zufahrtswege nach West-Berlin. Sogar Gas und Strom wurden abgedreht. Dadurch sollten die Westmächte gezwungen werden, auf die geplante Gründung eines Weststaates zu verzichten. Außerdem war West-Berlin ein Nagel im Fleisch des Ostens. Nur eine einzige Möglichkeit blieb den Westmächten, den Zugang in die geteilte Stadt zu bekommen: Durch die Luft.

Der für Berlin zuständige US General **Lucius D. Clay** errechnete, dass die Alliierten bei einem Tagesbedarf von 4.000 bis 5.000 Tonnen mit einer Luftbrücke die drei im Westteil der Stadt gelegenen Flughäfen Tegel, Gatow und Tempelhof notfalls auch über Jahre hinweg aus der Luft versorgen könnten. Der entschlusskräftige General schritt auch umgehend zur Tat und befahl, dass alle Transportflugzeuge für die Versorgung Berlins bereitgestellt werden sollten. Von acht westdeutschen Flughäfen starteten daraufhin amerikanische, britische und französische Transportmaschinen nach West-Berlin. Dort landeten sie in Abständen von ein oder zwei Minuten. Im Februar 1949 wurde eine durchschnittliche Leistung von 8.000 Tonnen pro Tag transportiert. Kohle, Milchpulver, Kartoffeln, Waren, Konserven, Post, Kleider und Decken, 2.326.406 Tonnen Gütern aller Art wurden eingeflogen. 278.228 Flüge in 322 Tagen. Am Ostersonntag 1949 wurden 1.440 Hin- und Rückflüge an einem einzigen Tag durchgeführt: jede Minute ein Flug. 31 Amerikaner und 39 Briten starben bei verschiedenen Flugzeugunglücken. Sie starben für die Freiheit Berlins.

Operation Solomon

Am 24.05.1991 wurden 14.400 äthiopische Juden aus Addis Abeba innerhalb von 24 Stunden mit Herkules, *Boeing 707* und *747* ausgeflogen. Der Staat befand sich in Auflösung, Rebellen eroberten das Land. Mit vollgestopften Bussen wurden die fliehenden Menschen von der israelischen Botschaft in der Stadt zum Flughafen gebracht und fast im Minutentakt nach Tel Aviv geflogen. Aus den Passagiermaschinen hatte man alle Sitze durch Matten ersetzt. Die *Boeing 707* fasste so 500 Menschen, die *747* über tausend.

Superlative der traurigen Art

Zur Welt der Luftfahrt gehören zum allseitigen Bedauern auch die Luftfahrtunfälle. 1926 und 1927 gab es 24 Airline Unfälle. 1928 waren es 26, 1929 gar 51! Von damals bis heute ist das der schlimmste Rekord in der Unfallstatistik: Mit einem Unfall pro 1,6 Million Flugkilometer. Würde man das auf das heutige Flugaufkommen umrechnen, hätten wir 7.000 Totalverluste pro Jahr. Mittlerweile ist die Luftfahrt jedoch bei einem statistischen Wert von einem Unfall pro 3,2 Milliarden Flugkilometer angekommen. Und doch sollen einige dramatische Unfälle herausgegriffen werden. Es sind Beispiele für gängige Unfallursachen.

Der Zusammenstoß von Teneriffa

Am 27. März 1977 explodierte im Flughafenterminal der Ferieninsel Las Palmas eine Bombe. Wegen einer zweiten Bombendrohung wurde der gesamte Flugverkehr auf die Insel Teneriffa umgeleitet. Der dortige Flughafen Los Rodeos war aber für einen solchen Ansturm nicht gebaut. Nur wenige Abstellflächen standen zur Verfügung, sodass etliche Maschinen auf dem Rollweg geparkt werden mussten. Nachdem Las Palmas Airport wieder geöffnet wurde, rief die Pan Am *Boeing 747* den Tower und bat um Anlassfreigabe für die Triebwerke. Wegen der Enge des Airports konnte sie jedoch nicht an einer Boeing 747 der KLM vorbei, die den Rollweg blockierte. Sie mussten eineinhalb Stunden lang warten, bis der KLM-Jumbo mit 55.000 Pfund Kerosin betankt war und seinerseits um Rollfreigabe bat. Mit wenigen Minuten Abstand folgte dann der Pan Am Jumbo. Mittlerweile war dichter Nebel auf dem Airport aufgezogen.

Um 1705:27.08 stand die KLM 4805 am oberen Ende der Startbahn und hatte bereits umgedreht. Sie stand nun in Startrichtung. Der Co-Pilot beendet die Start-Checkliste.

Um 1705:41.5 sagt der Co-Pilot: „Wait a minute, we don't have an ATC clearance[1]. Darauf antwortet der Captain „No; I know that, go ahead, – ask[2]."

Um 1705:44.6 berichtet die KLM 4805 dem Tower: „Ah – the KLM four eight zero five is now ready for take-off, and we're waiting for our ATC clearance[3]." Dieser Spruch endete um 1705:50.77. Er wurde auch im Cockpit der PanAm 1736 mitgehört.

Um 1705:53.41 gab der Controller der KLM die folgende Streckenfreigabe: „KLM eight seven zero five – uh – you are cleared to the Papa Beacon, climb to and maintain flight level nine zero ... right turn after take-off proceed with heading zero four zero until intercepting the three two five radial from Las Palmas VOR." Es handelte sich hierbei um die Freigabe für das Routing, NICHT jedoch für den Start. Dieser Funkspruch endete um 1706:08.9.

Um 1706:07.39, das heißt 0,7 Sekunden bevor die Übermittlung des Routings vorbei war, sagte der Captain „Yes", und drehte die Triebwerke hoch.

Um 1706:09.61 las der Co-Pilot die Streckenfreigabe zurück und fügte hinzu: „... We are now at take-off ... [4]"

Um 1706:11.08 wurden die Bremsen der KLM 4805 losgelassen.

Um 1706:12.25 sagte der Kapitän, „Let's go ... check thrust[5]", um diese Zeit hatte der Jumbo bereits seinen Startlauf begonnen.

Um 1706:18.19 bestätigte der Controller das Zurücklesen der Streckenfreigabe mit einem „O.K.", und um 1706:20.08, d. h. 1.89 Sekunden später, fügte er hinzu: „Stand by for take-off ... I will call you[6]." Diese Message endete um 1706:21.79. Um diese Zeit hatte die KLM 4805 längst die Bremsen gelöst.

Gleichzeitig sagte der Käpten im Pan Am Cockpit, der den Funkverkehr mithörte „No uh", und der Co-Pilot sagte, „and we are still taxiing down the runway, tire Clipper one seven three six[7]". Wegen Funküberlagerung mit einer anderen Message generierte dieser Funkspruch ein schrilles Pfeifen im Cockpit der KLM das von 1706:19.39 bis 1706:22.06 dauerte.

1 „Warte mal, wir haben noch keine Freigabe."
2 „Nein, das weiß ich, komm, frag nach."
3 „Die KLM 4805 ist nun fertig zum Start, und wir warten auf unsere Streckenfreigabe."
4 „Wir starten jetzt"
5 „Auf geht's ... Überprüfe den Schub"
6 „Warten Sie auf die Startfreigabe ... Ich werde Sie rufen."
7 „und wir rollen immernoch die Startbahn hinauf, Clipper 1736"

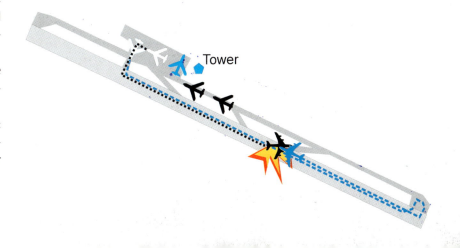

EREIGNISSE, DIE NICHT VERGESSEN WERDEN SOLLTEN

8 „Pan Am 1736 melden Sie Startbahn verlassen"
9 „OK, wir werden Bescheid sagen wenn wir runter sind."
10 „Da ist er ... schau ihn Dir an! Gott verdammt, der Hurensohn kommt! Runter hier!"

Um 1706:25.47 bestätigte der Tower Controller den Empfang der Pan Am message: „Papa Alpha one seven three six report runway clear[8]". Dies wurde im KLM Cockpit laut und klar verstanden. Message Ende um 1706:28.89.

Um 1706:29.59, antwortete die PanAm: „O.K., will report when we're clear[9]." Auch dieser Spruch war im KLM Cockpit zu hören.

Kurz vor dem Zusammenstoß werden im KLM Cockpit noch Zweifel geäußert, ob der PanAm-Jumbo die Bahn womöglich noch gar nicht verlassen hat. Doch der Käpten setzte sich durch, und einem Käpten mit fast 12.000 Flugstunden „widerspricht man nicht".

Die letzten Worte im PanAm Copckpit waren: „There he is ... look at him! Goddamn that son-of-a-bitch is coming! Get off![10] "

Um 1706:50 explodierten beide Jumbos, 583 Menschen fanden den Tod. Von den insgesamt 396 Passagieren und Besatzungsmitgliedern an Bord der amerikanischen Boeing überlebten nur 61 das verheerende Unglück. Für die Insassen der niederländischen KLM-Maschine kam jede Hilfe zu spät.

Natürlich wurden Lehren aus diesem Unfall gezogen: Die ICAO überarbeitete den ganzen Sprechgruppenkatalog. Die Welt der Luftfahrt wurde ermahnt, besondere Sorgfalt im Gebrauch der Sprache walten zu lassen. Das Wort „Take-Off" wird nur noch im Zusammenhang mit der Startfreigabe benutzt.

Wartungsfehler

Als am 12. August 1985 der Kurzstreckenjumbo der Japan Airlines zum Start für einen Flug von Tokio nach Osaka rollte, ahnte kein Mensch, dass in wenigen Minuten die zweitgrößte Tragödie der Luftfahrtgeschichte über Japan hereinbrechen würde.

Um 18:12 Uhr wurde JAL 123 von der Flugsicherung zum Start freigegeben. Um 18:24 Uhr durchstieg die Maschine 8.000 Meter. Bei einer Geschwindigkeit von 540 km/h traten ungewöhnliche Vibrationen auf. Dann bäumte sich die Maschine auf und bekam Steuerungs-

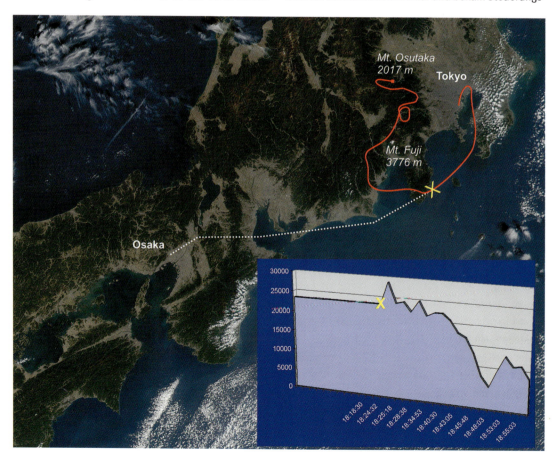

Der Flugweg des japanischen Jumbos, nachdem er durch Wegbrechen des Leitwerks in einen nahezu unkontrollierbaren Flugzustand geriet
Satellitenbild: NASA;
Zeichnerische Rekonstruktion: Fecker

probleme. Zwei Minuten später fiel der Hydraulikdruck ab, Flügelklappen fielen aus, das Flugzeug taumelte hin und her, wurde schneller und langsamer, flog in Wellenbewegungen auf und ab.

Die Crew versuchte die Maschine über die Triebwerke zu steuern. Mittlerweile hatte sie an Höhe verloren, flog in etwas über 2.000 Meter Höhe und versuchte zu einem Notlandeplatz zu fliegen. Doch auch die Geschwindigkeit war auf 190 km/h abgefallen, sehr nahe an der Geschwindigkeit, bei der ein Strömungsabriss auftreten kann. Die Boeing stieg noch einmal steil auf 4000 Meter hinauf und verlor dann wieder schnell an Höhe. Sie bekam Baumberührung an einem Hügel, streifte einen zweiten und zerbrach dann in einem flammenden Inferno. Von den 524 Menschen an Bord überlebten nur vier.

Als wahrscheinliche Ursache wurde ein Riss in der hinteren Druckkabine festgestellt, der sich auf das Heck und die vertikale Heckflosse fortpflanzte. Das legte die Hydraulik und alle Steuermöglichkeiten lahm. Die Maschine war zum Unfallzeitpunkt bereits 11 Jahre alt. Als eigentlicher Grund für die Materialermüdung wurden aber die musteruntypischen Beanspruchungen gesehen. Der Jumbo, der für die Langstrecke gebaut ist, wurde von JAL sehr eng bestuhlt und als Kurzstreckenflugzeug benutzt. Bei Start und Landung ist aber der Verschleiß am höchsten. 1978 waren zwar erste Risse entdeckt worden, diese wurden jedoch unsachgemäß repariert. Bei späteren Inspektionen wurden die Risse dann nicht mehr entdeckt.

Der Delhi Aircrash

Am 12. November 1996 startete im kasachischen Chimkent eine *Ilyushin 76* der Air Kazakhstan mit Flug Nummer 1907 nach Delhi. Im Sinkflug auf der Luftstraße G452 rief die Crew die Flugsicherung in Delhi: „Guten Abend, hier ist die 1907. Wir sind im Sinkflug nach 18.000 Fuß, passieren gerade 23.000. 74 Meilen vom Funkfeuer Delhi."

Der Controller gab die Maschine für weiteren Sinkflug auf 15.000 Fuß frei. Dort sollte sich Air Kazakhstan wieder melden. Zwischenzeitlich war um 18:32 die SV763, eine *Boeing 747* der Saudi Arabian Airlines, in Delhi mit 312 Personen an Bord zu einem Flug nach Dhahran gestartet. Flug SV763 folgte einer Standard Instrumenten Abflug Route, der Parvi SID und meldete sich im Steigflug kurz vor dem Passieren von 10.000 Fuß. Der Fluglotse gab den weiteren Steigflug bis auf 14.000 Fuß frei, denn er hatte ja die Ilyushin auf Gegenkurs auf 15.000 Fuß begrenzt. Der Controller fügte auch noch hinzu: „SV763 halten Sie 14.000 Fuß, warten Sie auf weiteren Steigflug."

Kurz darauf meldete sich der Kasache auf 15.000 Fuß, 46 Meilen vom Flughafen.

Der Controller antwortete: „Verstanden. Halten Sie 15.000. Gegenverkehr genau vor Ihnen, eine Saudia *Boeing 747*, 14 Meilen. Melden Sie Sichtkontakt." Die Kazhakstan Crew fragte noch mal nach der Distanz, worauf er zur Antwort erhielt: „14 Meilen, bestätigen Sie 1907." Als der Fluglotse keine Antwort erhielt warnte er von neuem: „Verkehr jetzt in 13 Meilen, auf 14.000 Fuß."

Offenbar war der Kasache zu diesem Zeitpunkt bereits unterhalb der zugewiesenen Höhe und flog auf 14.500 Fuß. Wenige Sekunden später war die Ilyushin bereits um weitere 310 Fuß gesunken. Und dort stießen die beiden Maschinen zusammen und stürzten als brennende Feuerbälle aus über vier Kilometern Höhe zu Boden. Als Ursache legte man den nicht autorisierten Sinkflug der Air Kazakhstan von 15.000 auf 14.000 Fuß fest. 349 Menschen kamen deshalb ums Leben.

Das Cabrio von Hawaii

Am 28. April 1988 um 13:25 startete Flug 243 der Aloha Airlines von Hilo nach Honolulu. Als die 19

Dieses Bild hat das Image von Boeing nicht nachhaltig ramponiert. Einerseits flog zwar das Dach weg, andererseits war die Boeing doch so solide konstruiert, dass sie noch zur Landung gebracht werden konnte.
Foto: The Honolulu Advertiser

> **Fliegen ist sicher**
>
> *Dass das Reisen per Flugzeug sicherer ist als das Reisen auf Strassen hat sich mittlerweile herumgesprochen. Dabei wird die Sicherheit laufend erhöht: Mittlerweile ist die Luftfahrt bei einem statistischen Wert von einem Unfall pro 3,2 Milliarden Flugkilometer angekommen.*

Jahre alte *Boeing 737-297* um 13:46 ihren Steigflug in 24.000 Fuß beendete, knallte es in der Kabine und 6 Meter Kabinendach wurden vom Flugzeug gerissen. Eine Stewardess, die nicht mehr angeschnallt war, wurde ebenfalls von Bord gerissen. Die Piloten drückten die Maschine sofort in einem Sturzflug nach unten und steuerten die nächste Insel an. Um 13:58 gelang ihnen eine Notlandung in Maui. Alle 90 Passagiere blieben im großen Ganzen unverletzt. Die Stewardess war das einzige Todesopfer.

Die wahrscheinliche Ursache war Materialermüdung einerseits, sowie das Fehlen von Materialerhaltungsmaßnahmen von Seiten der Airline. Die Unfalluntersuchungskommission holte zu einem Rundumschlag aus, der alle traf, vom Airline Management über den Flugzeughersteller bis hin zur staatlichen Luftfahrtbehörde FAA. Dieser Unfall, der durch die Leistung der Crew glimpflich abging, wurde zum Anlass genommen Regularien zur Vorbeugung von Materialermüdung bis ins kleinste Detail fest zu schreiben.

Der Gimli Glider

Am 23. Juli 1983 war die *Boeing 767* der Air Canada unterwegs von Montreal nach Edmonton. Die Maschine war gerade mal drei Jahre alt und eigentlich vollkommen in Ordnung, bis auf ein kleines Instrument, das am ehesten mit der Tankuhr eines Autos vergleichbar wäre. Der Fehler wurde schon vor dem Start in Montreal entdeckt, konnte aber auf die Schnelle nicht behoben werden. Der Wartungschef bestätigte aber der Crew, dass dies kein Hinderungsgrund sei, solange sie sich selbst mit einem Mess-Stab von der Spritmenge überzeugten.

Dies war auch geschehen und die beiden Piloten hatten sich munter auf den Weg nach Edmonton gemacht. Doch auf halber Strecke blieb zuerst der eine Motor, dann der andere stehen. Das elektronische Cockpit mit den neuesten Bordcomputern der Welt bestückt, versagte seinen Dienst, es wurde still im Flugzeug. Der nächste Flughafen war Winnipeg, 160 Kilometer entfernt. Eine ausklappbare Kleinstturbine sorgte für den notwendigen Strom für den Sprechfunk und die Cockpit-Notbeleuchtung, mehr aber auch nicht.

Mithilfe der Flugsicherung wurde die Maschine auf Kurs gebracht. Bald war aber klar, dass man es nicht bis nach Winnipeg schaffen würde.

Die Flugsicherung empfahl den beiden in Gimli zu landen, einem kleinen Flugplatz, der früher einmal von der Royal Canadian Air Force benutzt wurde. Gimli hatte jedoch keinen Tower und keine Rettungsdienste und war auch für die Landung einer *Boeing 767* unter normalen Umständen nicht geeignet, um wie viel weniger unter diesen! Zu allem Überfluss wurde ein Teil der Bahn gerade dazu benutzt, ein Go-Cart Rennen auszutragen, während die *767* lautlos hereinschwebte. Da auch die Hydraulik ihren Dienst versagte, wurde das Fahrwerk notausgefahren. Das Hauptfahrwerk rastete durch sein Eigengewicht ein, das leichtere Bugfahrwerk aber nicht. Mit einer fliegerischen Meisterleistung setzte der Captain die Maschine am Startbahnbeginn auf, das Bugfahrwerk knickte ein, die *767* rutschte auf dem Vorderrumpf die Runway entlang, Funken schlugen, die Menschen am Boden rannten um ihr Leben. Das Flugzeug kam auf kürzester Strecke zum Stehen.

Die Notrutschen wurden aufgeblasen, und das Flugzeug über die hinteren Rutschen evakuiert. Diese hingen jedoch fast senkrecht nach unten, da das Heck ja wesentlich höher stand als der Bug. So entstanden die einzigen Verletzungen durch die Evakuierung.

Ursache: Zwei Mechaniker hatten die Tankmessungen und Berechnungen in Montreal falsch angestellt. Sie fanden heraus, dass die Maschine vor dem Auftanken noch 7.682 Liter Treibstoff an Bord hatte.

Nun sollte es eigentlich eine Kleinigkeit sein, diese Menge von der Menge abzuziehen, die für den Flug gebraucht würde, und den Rest vor dem Start nachzutanken. Doch es gab drei kleine Komplikationen: Seit jeher haben die Piloten der Air Canada ihre Spritmenge in Pfund berechnet. Bei der neuen *767* der Air Canada wurde der Spritverbrauch aber in Kilogramm ausgedrückt. Dies war so gewünscht, da die kanadische Regierung ja plante, in Kürze das metrische System einzuführen. Der Mess-Stab in den Flügeltanks zeigte jedoch nicht Pfund oder Kilogramm, sonder Liter an. Nun kam auch noch dazu, dass auf früheren Flugzeugen der Sprit nicht vom Kapitän oder dem Co-Piloten berechnet wurde, sondern vom Bordingenieur. Die *767* hatte aber keinen Bordingenieur mehr, da die Bordcomputer ja denselben ersetzten. Und dieser Bordcomputer konnte die Spritmenge nicht errechnen, weil, ja weil – die Tankuhr kaputt war. Und jetzt wussten weder die

Mechaniker, noch die Piloten, wer für die Berechnung der Spritmenge zuständig war.

Zusammen berechnete man, wie viel Liter noch hinzugefügt werden müssten, um 22.300 kg Treibstoff zu haben. Irgendjemand schlug den Faktor 1,77 vor, mit dem man früher das spezifische Gewicht von Kerosin von Pfund/Liter berechnet hatte. Sie hätten aber den Faktor 0,8 nehmen müssen, um auf Kilogramm zu kommen. Schließlich tankte die Crew 5.000 statt 15.000 Liter nach. Ironischerweise ging den beiden Mechanikern der Air Canada, die nun von Montreal mit dem Auto nach Gimli fuhren, unterwegs der Sprit aus ...

Der Horror Crash von Pope AFB

Der 24. März 1994 war ein schwarzer Tag für die Streitkräfte der USA. Während auf der Abstellfläche von Pope Air Force Base in North Carolina 500 Fallschirmspringer darauf warteten, bis die beiden *Starlifter C-141* betankt waren um sie zu einem Übungssprung aufzunehmen, leitete hoch über ihren Köpfen eine F-16 ein simuliertes Notverfahren ein, mit dem aus einer Sturzflugähnlichen Schraube die Landung bei Triebwerkausfall geübt wird. Normalerweise hat die Flugsicherung darauf zu achten, dass bei einem solchen Verfahren kein weiterer Verkehr im direkten Anflug auf die Landebahn ist.

Nicht so in Pope. Der Controller wies die *F-16* darauf hin, dass eine *Herkules* einen Übungsanflug machte. Der *F-16* Pilot hatte nur wenige Sekunden um nach dem Transporter zu suchen, sah diesen jedoch wegen dessen Tarnanstrichs nicht. Auf die Nachfrage nach der Position erhielt er vom Tower zur Antwort: „Kurzer Endanflug, beim Durchstarten." Gleich darauf wurde die *F-16* jedoch zur Landung freigegeben.

Die *F-16* traf die *Herkules* kurz vor der Piste. Der Jet Pilot rettete sich mit dem Schleudersitz, die Crew der Herkules brachte ihre Maschine noch sicher an den Boden. Die *F-16* aber knallte neben die Runway und schlitterte mit etwa 33 Metern pro Sekunde auf die geparkten Starlifter und die wartenden Soldaten zu. Beide Maschinen explodierten, 200.000 Liter Kerosin gerieten in Brand, rollten in einer Walze aus Feuer auf die Soldaten zu, glühendes Metall regnete über das Vorfeld. 24 Soldaten kamen ums Leben, über hundert erlitten schwere und schwerste Verbrennungen. – Ursache: Eine miserable Leistung der Flugsicherung auf Pope AFB.

Flight EA401

1972, ein paar Tage nach Weihnachten startete die Tristar L-1011 der Eastern Airlines zu einem Nachtflug von New York nach Miami. Während des Anfluges auf Miami International erhielten die Piloten keine Anzeige über die Verriegelung des Bugfahrwerkes. Das Fahrwerk wurde mehrfach ein- und ausgefahren. Die Verriegelung des Hauptfahrwerkes wurde durch zwei grüne Lichter angezeigt, die des Bugfahrwerkes überhaupt nicht. Es bestand die Möglichkeit, dass entweder eine Kontrollleuchte defekt, das Bugfahrwerk nicht eingerastet war, oder gar beides. Um 23:34 wurde EA401 angewiesen, Warteschleifen in 2.000 Fuß über Grund zu fliegen. Um 23:37 befahl der Captain seinem Bordingenieur durch eine Bodenluke in den Elektronikraum hinabzusteigen, von wo man über ein Sichtfenster das Fahrwerkbein sehen konnte. Spezielle Markierungen ließen einen zuverlässigen Rückschluss über den Status zu. Mittlerweile diskutierte der Captain mit dem Co-Piloten ob ein Kontrollleuchtenfehler vorliegen könnte. Beim Versuch das Birnchen auszuwechseln, schaltete der Captain den Autopiloten aus, ohne dies zu bemerken. Ganz allmählich verlor das Flugzeug an Höhe. Auch ein Audio-Warnton, der eine +/- 250 Fuß Abweichung von der eingestellten Höhe signalisierte, entging der Aufmerksamkeit der Crew.

Um 23:42:05 bemerkte der Erste Offizier den Höhenverlust. Sieben Sekunden später bekam die Tristar Bodenberührung. Das Flugzeug brach auseinander, Einzelteile zerstreuten sich über ein Gebiet von 500 mal 100 Meter über das weiche Sumpfgebiet der Everglades. Von den 176 Menschen an Bord fanden 99 den Tod.

Wahrscheinliche Ursache: Die gesamte Crew richtete ihre ungeteilte Aufmerksamkeit auf die Behebung eines ärgerlichen, aber relativ kleinen Problems, statt das Flugzeug zu fliegen.

Abschuss über der Straße von Hormuz

Iran Air IR655 startete am 03.07.1988 um 10:17 vom iranischen Bandar Abbas in Richtung Dubai. Um 10:19 meldete die Crew das Passieren von 3500 Fuß im Steigflug auf 14.000 Fuß auf der Luftstraße A59. Um 10:24 überflog der *Airbus A300* MOBET Waypoint und meldete dies an Teheran Area Control Center.

Fliegen ist sicher 2

Die Sicherheit im Luftverkehr könnte sogar noch größer sein, würde der Mensch die Technik nicht immer wieder überlisten und austricksen. So hätten die schlimmsten Unfälle der Luftfahrtgeschichte vermieden werden können, wären Menschen nicht ihrer größten Schwäche erlegen: Der Nachlässigkeit, dem Mangel an Sorgfalt, der Routine. Die Routine, das lernt man in jedem Luftfahrtberuf, ist der Feind der Sicherheit.

EREIGNISSE, DIE NICHT VERGESSEN WERDEN SOLLTEN

Der Aegis Kreuzer USS Vincennes, von dem die Raketen abgefeuert wurden
Foto: US Navy

Während diesen letzten Minuten war IR655 mehrfach von einem amerikanischen AEGIS-Kreuzer angesprochen worden, etwa fünfmal auf einer UHF Frequenz, die in zivilen Maschinen nicht vorhanden ist, und zweimal auf der internationalen VHF Notfrequenz. Beim ersten Mal war der Pilot gerade selbst auf der Company-Frequenz am Sprechen, das zweite Mal konnte er es möglicherweise hören. Es ist aber nicht sicher, ob die Crew sich überhaupt angesprochen fühlte. Denn sie war auf einem Routineflug auf der Mitte einer veröffentlichten Luftstraße zu derselben Zeit wie an jedem Tag in den vergangenen zwei Jahren.

Die Offiziere an Bord des Raketenkreuzers USS Vincennes jedenfalls waren nervös wegen den internationalen Spannungen mit Irak. Ein Jahr zuvor hatte eine irakische Mirage die USS Stark angegriffen, weshalb die US Navy Maßnahmen zur Selbstverteidigung angekündigt hatte, sollte ihre Schiffe trotz Warnung von feindlichen Kampfflugzeugen angegriffen werden. Da der mit 290 Personen besetzte Airbus die Warnung, so er sie denn überhaupt gehört hatte, nicht auf sich bezog und nicht reagierte, und da die Offiziere der Luftverteidigung der festen Überzeugung waren, es müsse sich um einen feindlichen Jagdbomber handeln, der auch alle vorangegangenen Warnungen ignoriert hatte, klassifizierte das automatische Selbstverteidigungssystem der USS Vincennes das Flugzeug als Bedrohung und feuerte zwei Raketen ab. Tödlich getroffen wurde der Airbus zerrissen und stürzte mit 290 Menschen in den Tod.

So stellte sich die Situation dar nachdem die tödliche Logik ihren fatalen Lauf genommen hatte.
Satellitenbild: NASA;
Zeichnerische Rekonstruktion: Fecker

Die Bombe von Lockerbie

Die *Boeing 747* der PanAm mit der Registrierung N739PA kam von San Francisco nach London Heathrow. Sie wurde am Terminal 3 geparkt. Sechs Stunden dauerte es, das Flugzeug „umzudrehen". Kleine Wartungsarbeiten wurden durchgeführt, die Maschine wurde betankt, beladen und für den Flug nach New York unter der Flugnummer PA103 fertig gemacht. Viele der Passagiere von Flug PA103 kamen mit einem Zubringerdienst der PanAm, einer Boeing 727 von Frankfurt. Um 18:25 startete das Flugzeug. Um 18:56 erreichte es seine Reiseflughöhe in 10 Kilometern Höhe.

Um 19:03 wurde PA103 von Shanwick Oceanic Control wegen der Freigabe für das Transatlantische Routing angesprochen. Während dieses Gespräches wurde die Boeing 747 von einer Bombe zerrissen. Zwei große Einzelstücke fielen auf die schottische Stadt Lockerbie, die bis zu jenem Tag ein eher beschauliches Dasein geführt hatte. Häuser wurden getroffen, alle 259 Personen an Bord kamen zu Tode, ebenso wie 11 Menschen am Boden. Die Gewalt der Explosion war so groß, dass mindestens vier kleine Teile des Flugzeugs in den Weltraum geschleudert wurden, die fast drei Stunden später über Russland wieder in die Erdatmosphäre eintraten.

Die Semtex Bombe war in an Sicherheit grenzender Wahrscheinlichkeit in einem Radio-Kassettenrekorder versteckt, der in Frankfurt an Bord einer Zubringermaschine geschmuggelt wurde.

Mittlerweile scheint festzustehen, dass der libysche Geheimdienst hinter dem Terroranschlag steckt. Zumindest hat Libyens Staatschef Ghadaffi zugesagt, die Lockerbie-Opfer zu entschädigen.

Der 11. September

Der Tag, der die Welt veränderte. Mit diesem und vielen ähnlichen Schlagworten wird der 11. September 2001 umschrieben. An diesem Tag wurde die Welt von der schlimmsten Katastrophe seit dem zweiten Weltkrieg heimgesucht. Nur kranke Gehirne können ersinnen, was ein Dutzend fundamentalistische Islamisten durchzogen: Sie entführten vier voll besetzte und voll getankte Maschinen und steuerten sie in die Zwillingstürme des New Yorker World Trade Centers und in das Pentagon in Washington. Welches Ziel die vierte Ma-

SUPERLATIVE DER TRAURIGEN ART

Neufundland liegt im äußersten Osten Kanadas. Zwei Flughäfen gibt es dort, Gander und Halifax. Während alle kanadischen Flughäfen am 11. September 2001 in einer beispiellosen Aktion von hunderten von Großraumflugzeugen als Notlandeplatz für Passagiermaschinen heimgesucht wurden, musste allein Gander 39 Großraummaschinen aufnehmen und 6122 Passagiere und 473 Besatzungsmitglieder versorgen, die über dem Atlantik nach den USA unterwegs waren. Halifax nahm über 7000 Passagiere auf.
Foto: Halifax International Airport

schine hatte bleibt ungewiss, wahrscheinlich in das Capitol, um die amerikanische Regierung zu treffen. Die Hijacker der vierten Maschine wurden aber von den Passagieren überwältigt, das Flugzeug stürzte in Pennsylvania ab. Bei diesem Terroranschlag starben über 3.000 Menschen. Danach war nichts mehr, wie es vorher war. Airlines gingen bankrott, Börsen brachen ein, Firmen gingen zu Grunde, Gesetze wurden geändert, Freiheiten beschnitten, moslemische Mitbürger unter Generalverdacht gestellt, falls sie sich nicht massiv genug von diesem barbarischen Akt distanzierten. Kriege wurden und werden geführt, Volkswirtschaften fühlen sich gezwungen, Millionen und Abermillionen für die Sicherheit aufzuwenden. Airliner werden mit Raketenabwehrsystemen ausgerüstet. Über den 11. September wurde wahrscheinlich schon alles geschrieben, was zu schreiben ist. Hinreichend wurde darüber berichtet, welche Leistung von den amerikanischen Fluglotsen erbracht wurde, innerhalb von kürzester Zeit den gesamten Luftraum aufzuräumen. Wenig wurde darüber geschrieben, welche Leistung die kanadischen Lotsen erbrachten, den gesamten Luftverkehr aus den USA aufzunehmen, die Flüge aus Asien und Europa auf ihren eigenen Flughäfen, die aus allen Nähten platzten, unterzubringen. Plötzlich, von einer Minute auf die andere musste ein Luftverkehrssystem mit einem Ansturm fertig werden, für den es gar nie geschaffen wurde. Und all dies verlief ohne einen Unfall! Was aber wäre denn passiert, wenn der 11. September ein ganz normaler Tag gewesen wäre? Dann wären die Wachstumsprognosen von Eurocontrol eingetreten, dass sich der Luftverkehr ungezügelt verdoppelt hätte bis ins Jahr 2012, mit allen Folgen für die Flughäfen und natürlich für die Flughafenanrainer. So wird es noch Jahre dauern, bis sich der Luftverkehr wirklich von dem Schock erholt haben wird. Zumindest hat es die schwindsüchtigen Airlines fast über Nacht vom Markt gefegt. Plötzlich wird Flughafensicherheit ernst genommen. Cockpittüren werden verstärkt und verrammelt. Der Besuch beim Captain im Cockpit auf dem langen Flug von Frankfurt nach Tokio gehört der Vergangenheit an. Schweizer Taschenmesser, Nagelfeilen und -scheren werden beschlagnahmt, Schuhe geröntgt, Fingerabdrücke genommen, Personalien übermittelt. Wer in den USA an Bord eines Flugzeuges kein Schweinefleisch isst, wird dem FBI als potentieller Islamist gemeldet.

Der 11. September hat nicht nur das Fliegen verändert, er hat die Menschheit krank gemacht.

www.geramond.de

Die Welt der Flugzeuge

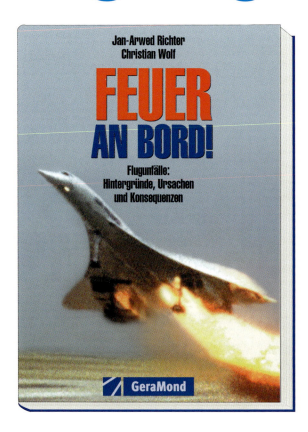

Einer der besten Luftfahrt-Journalisten Deutschlands öffnet seine Foto-Schatzkiste. Aufsehenerregende Aufnahmen von Flugzeugen und Flughäfen in aller Welt – Futter für das neugierige Auge.

Dietmar Plath
Flugzeuge in aller Welt
128 Seiten, ca. 130 Abbildungen,
Format 24,5 x 30,5 cm,
gebunden mit Schutzumschlag
ISBN 3-7654-7212-3

Spektakuläre Katastrophen lenken den Blick immer wieder auf das Thema Flugsicherheit. Die Autoren schildern die wichtigsten Unfälle der letzten Jahre.

Jan-Arwed Richter, Christian Wolf
Feuer an Bord!
160 Seiten, ca. 80 Abbildungen,
Format 17,0 x 24,0 cm,
gebunden
ISBN 3-7654-7213-1

Im Buchhandel! Oder im Internet unter www.geramond.de

Rückgabe bis